KB235574

책 쓰기

꼬박꼬박
월급 나올 때
시작하라

책 쓰기, 꼬박꼬박 월급 나올 때 시작하라

2017년 12월 20일 초판 1쇄 인쇄
2017년 12월 27일 초판 1쇄 발행

지은이   서현관
펴낸이   김영애
디자인   신혜정
마케팅   이유림
펴낸곳   SniFactory(에스앤아이팩토리)

등록일   2013년 6월 3일
등록   제 2013-00163호
주소   서울시 강남구 삼성로 96길 6 엘지트윈텔1차 1402호
전화   02. 517. 9385
팩스   02. 517. 9386
이메일   dahal@dahal.co.kr
홈페이지   www.snifactory.com

© 서현관, 2017

ISBN 979-11-86306-77-2 13190

가격 15,000원

다할미디어는 SniFactory(에스앤아이팩토리)의 출판브랜드입니다.

책 쓰기

Writing book

꼬박꼬박
월급 나올 때
시작하라

서현관 지음

다흥미디어

간절함으로 당신의 명함을 만들어라

내가 처음 책을 쓰겠다고 했을 때 아무도 내 말을 믿지 않았다.

누구나 이야기하는 새해 소망처럼 그저 정초 술자리에서 오가는 흔하디 흔한 다짐 정도로 여겼다. 어떤 이의 금연 계획이나 다이어트 계획보다도 더 값어치 없는 다짐 정도로 말이다. 그래서 오히려 더 고마웠다. 반드시 해내고야 말겠다는 오기가 생겨버린 것이다. 나는 간절했다. 정확히 언제부터였는지 모르겠지만 내 이름으로 된 책 한 권을 세상에 꼭 내놓고 싶었다. 1페이지부터 마지막 페이지까지 정확하게 나만의 생각과 경험을 활자화시켜 만들어진 책을 세상에 꼭 내놓고 싶었다. 아무런 지식이 없는 상태에서 방법도 모르고 주변의 지지도 얻지 못했다. 하지만 간절함은 나에게 방법을 가르쳐주었고 출간의 기회를 열어주었다. 진심으로 간절히 원하면 이루어진다는 것을 알았다. 그리고 혼자 다짐했다.

"나는 반드시 기획출간을 할 것이며 많은 출판사로부터 러브콜을 받을 것이다. 출판사 관계자가 직접 나를 찾아와 자기 출판사와 꼭 계약해줄 것을 정중하게 부탁할 것이다." 나는 이 꿈을 단 한순간도 잊지 않았고 주문처럼 매일 되뇌었다.

2017년 2월 24일 원고를 투고했고 1시간이 채 지나기도 전에 출판사로부터 연락이 오기 시작했다. 폭주하는 연락으로 인해 업무를 할 수 없을 것 같았다. 하는 수 없이 회사를 하루 쉬었다. 2월 27일 월요일 출판사 관계자가 대전으로 찾아왔고 나는 결국 그 출판사와 좋은 조건으로 계약을 했다. 금요일에 투고해 월요일 계약에 성공했다. 주말을 제하면 투고 후 단 하루 만에 계약이 이루어진 셈이다. 그렇게 나의 첫 책이 세상에 나오게 되었다.

간절한 꿈은 반드시 이루어진다. 지금 당신의 책을 쓰고 싶은가? 그렇다면 나의 이야기에 반드시 귀 기울여주길 바란다. 나는 정말 많은 시행착오를 거쳐 왔다. 책 쓰기 관련 교육기관이 동네에 흔한 영어나 미술학원처럼 번듯하게 있는 것도 아니고 주변에 친한 작가가 있는 것은 더더욱 아니었다. 오로지 의지하고 믿을 수 있는 것은 독서뿐이었다. 닥치는 대로 읽고 또 읽었다. 하지만 읽을수록 공허했다. 실질적인 도움이 되지 않았기 때문이다. 경계가 모호한 책들이 너무 많았다. 책 쓰기라는 타이틀을 달고 나왔지만 결국에는 자기계발서이거나 이것도 저것도 아닌 아무런 기술적 요소가 없는 책들도 허다했다. 읽으면 읽을수록 오히려 갈증은 더 심해졌다. 하지만 궁하면 통한다고 했다. 노력과 시행착오가 발판이 되어 비로소 책 쓰기에 입문할 수 있었다. 정말 먼 길을 돌아왔다. 힘들고 괴로운 시간이었지만 돌아보면 한없이 아름다운 시간이기도 했다. 그렇게 나는 이 세상에 내 이름으로 된 책을 내놓았다. 누가 뭐래도 나는 당당한 작가가 되었고 글 쓰는 직장인으로서의 삶을 살아가고 있다.

대학생 자식을 둔 엄마와 이제 갓 돌 지난 아이를 둔 엄마가 있다. 과연 이 두 엄마들 중에 누가 더 임신, 출산, 육아에 대해 선명한 기억을 갖고 있을까? 아마 후자의 엄마일 것이다. 그렇다. 나 또한 세상에 책을 내놓은 지 얼마 되지 않은 초보 작가이다. 그러므로 기존의 작가들과는 달리 생생한 책 쓰기의 기승전결을 가장 선명하고 자신 있게 이야기할 수 있다.

배가 고파본 사람만이 진짜 허기가 어떤 느낌인지 가장 절실하게 알고 있다. 이 책은 책 쓰기의 How to는 물론이고 왜 책을 써야 하는지 그리고 책이 나에게 무엇을 가져다주는지에 대하여 그간의 경험을 솔직하게 서술하였다.

Chapter 1. **한 권의 책이 운명을 바꾼다**는 왜 당신이 책을 써야 하는지 지금 당장 글을 써야 하는 이유와 현실 안에 머물러 있는 당신의 삶을 뒤돌아볼 만한 이야기를 집필하였다.

Chapter 2. **나만의 브랜드를 만들다**는 필자의 생생한 책 출간기를 가감 없이 솔직담백하게 이야기하였다.

Chapter 3. **잠깐! 책 쓰기 전 이것만은 알고 가자**에서는 책을 쓰기 전 간과하기 쉬운 부분을 일일이 꼬집어 본격적인 집필에 들어가기 전 반드시 거쳐야 할 예열단계에 관한 이야기들이다.

Chapter 4. **길어도 6개월 눈 딱 감고 미쳐보자**에서는 실전 책 쓰기에 관한 진짜 기술에 대하여 집필하였으며 가장 많은 지면을 할애하였다. 만약 당신이 지금 서점에 서서 이 책을 읽고 있다면 구매와 상관없이 우선 Chapter 4만큼이라도 편안하게 앉아서 읽어볼 것을 권한다.

에서는 출간 이후 주변의 반응과 왜 좋은 내용의 책을 써야 하는지를 이야기한다.

이 책은 누구나 읽어보면 이해가 될 만큼 간단하고 명료하게 집필하였다. 당신이 책을 꼭 쓰고 싶은 사람이라면 반드시 이 책을 읽어 보길 권한다. 본인의 이름이 들어간 책을 세상에 내놓고 싶은 당신이 꼭 읽어야 할 책이다. 책 쓰기는 "콘텐츠와 실행력"의 결합물이다. 확실한 나만의 이야기와 그 이야기를 지면으로 옮겨 밀어붙일 우직한 실행능력만 있으면 누구나 책을 쓸 수 있다. 목차, 제목, 출간기획서, 글쓰기 능력 등은 부수적인 것이다.

당신도 꼭 내 이름으로 된 책을 세상에 내놓길 바란다. 책 쓰기를 산절히 원하는 예비 작가들에게 조금이라도 도움이 되길 바라며 최선을 다하였으며 명실공히 "가장 쉬운 책 쓰기 책"이라는 확실한 목표를 가지고 집필하였다. 단 한 명의 독자라도 마지막 페이지를 덮으며 작가로서의 꿈에 도전 의지를 불태우길 간절히 바란다. 아울러 출간에 도움을 주신 출판사 관계자 여러분과 항상 나의 든든한 지원군이 되어준 아내에게 지면을 빌어 고마움을 전한다.

2017년 9월

서 현 관

목차

Chapter 1.

한 권의 책이
운명을 바꾼다

이 파트에서는 왜 작금昨今의 시대에 책 쓰기가 필요한 것인지, 왜 직장인이라면 반드시 책을 써야 하는지, 변화하는 세상 속에서 벼랑 끝까지 몰린 직장인들의 영혼 없는 삶에 향기를 불어넣어 줄 것입니다. 우리는 지지 않기 위해 목표 없이 도전하는 삶을 살아가고 있으며, 정작 작은 것의 소중함을 모르고 항상 가시적으로 들어오는 큰 것에만 집중합니다. 진정한 나의 본질보다는 구성원의 한 사람으로 그저 머릿수나 채워주는 주변인의 삶을 살아가고 있는지 모릅니다. 이 파트에서는 이런 자신의 가식을 벗고 좀 더 진솔하고 담담하게 스스로를 만날 수 있습니다. 모두가 한곳을 향해 갈 때 의미 있는 딴짓을 권합니다. 지금 당신의 온도는 99℃입니다. 언제까지 미지근한 채로 살아갈 것입니까? 이제 당신은 뜨겁게 끓어올라야 합니다. 당신에게 끓어오를 촉매제를 제시합니다. 더 이상 멈춰 있을 수만은 없습니다. 첫 번째 Chapter부터 당신의 생각을 조여 올 것입니다. 책을 쓰고 진짜 공부의 세계로 빠져야 합니다. 왜 우리는 반드시 책을 써야 하는지 알아봅시다. ▷

직장인이라면 반드시 책을 써야 한다

외환위기IMF를 졸업하면서 평생직장이라는 개념이 사라진 지 오래다. 우리는 직장이 아닌 직업이 평생을 좌우하는 나의 밥벌이가 되어버린 시대에 살고 있다. 소위 좋은 직장보다는 확실한 기술 한 가지만 있으면 최소한 밥은 굶지 않는다는 말처럼 직장인이 아닌 직업인으로의 삶을 살아가고 있다. 하지만 세상은 빠르게 변하고 있다. 인간과 로봇의 바둑 대결에서도 보았듯이 인공지능의 한계는 끝을 모르고 발전하고 있다. 생각이라는 인간만의 영역을 이제는 조심스럽게 로봇이 파고들고 있다.

산업의 혁명이라 하는 4차 산업의 발전으로 우리의 일자리를 로봇에게 내주는 세상이 되었다. 독일은 이미 임금이 비싼 독일 본토에 아디다스 스마트공장을 가동 중이다. 신발을 만드는 공정에 더 이상 사람의 손이 필요하지 않기 때문이다.

신발 한 켤레 기준 동남아공장에서는 3주 걸리던 공정을 이곳 스마트공장에선 달랑 5시간이면 만들 수 있다. 동남아공장의 직원은 600명인데 비해 이곳 공장은 10명만 있으면 충분하다. 전통적인 제조업의 영역을 스마트 설비가 파고든 결과다. 이런 산업용 로봇의 성장은 2019년까지 매년 13%씩 성장할 것으로 내다보고 있다.

미국 시애틀의 식료품점 "아마존 고"는 휴대전화를 찍고 들어가 그냥 물건을 집어 들고 나오면 된다. 아마존 고에서 내세운 슬로건은 "No lines, No checkout." 즉 "계산을 위해 줄을 서지 않아도 됩니다."이다. 당연히 계산원들의 일자리도 사라졌다. 재고 관리도 자동으로 하다 보니 재고 관리 직원의 일자리가 없어졌다. 마트에서 가장 큰 비중을 차지했던 직원들이 사라진 셈이다. 공장의 생산라인을 넘어 유통의 현장까지도 서서히 산업로봇이 점령해가고 있다.

독일의 제조업 성장 전략인 "인더스트리Industry 4.0" 정책, 뇌 과학 분야에서 선도적 위치를 점령하기 위해 미국이 야심차게 준비한 브레인 이니셔티브BRAIN Initiative 정책 등 세계 각국은 정부 차원에서 산업혁신의 정책을 서둘러 진행 중이다. 인공지능 또한 의료와 금융 등 그 분야를 가리지 않고 종횡무진 그 범위를 넓혀가고 있다.

"노는 만큼 성공한다"의 김정운 작가는 "잘 노는 사람이 창의적이고 성공한다"라고 주장했다.

그저 놀이로만 알았던 패션, 오락, 레저 등 개인의 취미와 여가생활 같은 관심거리가 새로운 성장 동력으로 급부상하며 4차를 넘어 5차 산업의 시대도 멀지 않았음을 감지할 수 있다. 직업job의 개념이 일이 아닌

놀이가 된 세상, 말 그대로 놀더라도 제일 잘 놀면 수익창출이 가능해지는 시대에 살고 있다. 골프를 치더라도 그저 머릿수나 채워주는 역할이 아니라 한수 지도를 받기 위해 초청받는 위치에 있을 만큼 되어보라. 당신이 젤 좋아하는 골프가 돈벌이가 될 수도 있다. 이렇게 돈벌이의 수단이 직업이 아닌 완전히 다른 차원의 세상이 열리고 있다. 비로소 우리는 광속의 시대에 살고 있는 것이다. 세상은 하루하루 속도를 따라잡기 힘들 만큼 빠르게 변하고 있다. 평범하게 사는 것이 보편적 가치기준에서 보면 무난하게 잘사는 것이라 생각했었던 시절이 있었다. 반듯한 직장에 가정을 꾸리고 부양과 양육을 하며 큰 어려움 없이 말 그대로 평범하게 살아가는 것이 전부였던 시절이 있었다. 속도나 경쟁, 발전이나 첨단과는 거리가 멀었지만 오히려 행복이란 개념과는 가장 가까이 지내던 시절이 아니었나 싶다. 하지만 수많은 정보가 떠돌아다니고 우리는 다양한 자극에 노출되어 있다. 이런 시대에 평범하다는 것은 아무에게도 주목받지 못하는 삶을 살아가고 있다는 얘기다.

요즘 방송을 보면 유명 연예인들도 정형화된 모습이 아니라 집안 여기저기에 카메라를 설치해 놓고 그들의 일상을 그대로 노출하는 것이 방송의 새로운 트렌드가 되었다. 유명 연예인들의 집을 그대로 노출한다는 것이 예전 같으면 생각하기도 힘들었을 텐데 시청자들의 눈높이에 맞추어 유명인들의 삶을 그대로 공개하는 새로운 형태로 방송의 틀이 많이 바뀌고 있다.

국가의 존립을 위해 반드시 산업은 발전을 할 것이고 글로벌 시대의 동반성장을 위해서는 절대 뒤처지지 않게 발전의 속도를 따라가야만 한다. 더 이상 이상향을 꿈꾸며 노스텔지어의 손수건을 흔들 수만은 없는 것이다. 급해진 직장인들의 생존수단으로 학원가의 밤은 불야성이 되고 저마다 목적 없는 영어 공부, 공인중개사 공부에 매달린다. 남들보다 조금이라도 앞서려면 매일 야근에 더 많은 스펙을 쌓아야만 하는 시대가 되어버린 것이다.

경계는 없다. 로봇이 신발을 만들고 대형마트에는 사람이 사라지는 시대에 우리는 직장인이라는 이름으로 살아가고 있다. 앞으로 어떤 미래가 다가올지는 모르지만 어느 시대를 막론하고 항상 책은 그 가치를 인정받았다. 직장인이라면 반드시 책 쓰기를 권한다.

"최선"이란 말 함부로 하지 마라

"여름휴가 때도 일한다."… 직장인 74.6% "휴가 중 업무 지시 받아"

▷ **2017년 7월 11일 한국일보**

"카톡금지령" 떨어진 기재부 … "토요일만이라도 편해요."

▷ **2017년 7월 9일 뉴시스**

위 신문기사의 제목만 봐도 알 수 있듯이 기술의 발전으로 24시간이 근무시간이 되어버렸다. 언제 어디에 있든 몇 번의 터치로 관련 서류가 전달되어지고 생생한 영상이 눈앞에 펼쳐진다. 스마트폰 하나면 간단한 문서작업이나 전자결재 등이 가능하다. 퇴근 시간의 경계도 없이 야간이건 주말이건 무차별적 업무 지시가 떨어지기도 한다. 월급이 노동력의 대가라기보단 내 인생의 시간을 약간의 돈으로 바꾸는 시간의 대가라는 생각이 들 정도이다.

이런 현실에 직장인으로서 글을 쓴다는 것이 만만한 일은 아니다. 고백하건대 나도 책을 쓰면서 가장 하기 싫었던 것이 출근이었다. 생업을 접고 글쓰기에만 매달리는 전업 작가들이 그렇게 부러울 수가 없었다. 하지만 현실을 생각하면 그럴 형편도 안 되고 결국에는 스스로를 단속하고 최선을 다해 노력하는 수밖에 없었다.

최선, 노력 이런 단어들이 얼마나 추상적인가? 조정래 작가는 "스스로가 인정하고 감동할 만큼 노력하라! 최선이라는 말은 내 자신의 노력이 나를 감동시킬 수 있을 때 쓰는 말이다."라고 했다. 노력의 크기가 얼마나 되어야 나를 감동시킬 수 있을까?

글을 쓰기 위해선 우선 목차를 구성해야 하고 정해진 주제에 대하여 방대한 자료를 수집해야 한다. 그리고 그 주제에 따른 나만의 스토리를 적절하게 버무려 나갔을 때 비로소 글이 써지고 그런 글들이 모여 책이 되는 것이다.

하지만 직장에 매여 있다 보면 물리적으로 시간을 확보하기가 참 어렵다. 우리가 할 수 있는 방법은 정해진 24시간을 쪼개고 쪼개는 수밖에 없다. 어차피 누구나 동일한 24시간을 우리는 25시간 내지 거의 30시간처럼 활용해야 한다. 종일 도서관에 파묻혀 자료를 수집하고 이런저런 책들을 마음껏 볼 수 있으면 얼마나 행복할까? 하지만 목구멍이 포도청이라고 현실과 타협을 하지 않을 수 없다.

그러면 전업 작가로 살아간다는 것은 행복할까? 일부 유명 작가가 아닌 이상 글을 써서 생계를 유지해야 한다는 것은 여간 어려운 일이 아닐 것이다. 전업 작가로 살아간다면 물리적 시간은 확보가 되겠지만 수입 없는 장기적인 미래가 암담해 더 스트레스를 받을 수도 있다. 내가 쓰는 글이 생계와 직결된다면 물리적 시간의 확보가 보장된다 하더라도 마음의 여유는 찾기 힘들 것 같다.

건사해야 할 가족들이 있고 늙은 노모가 있으면 더더욱 힘들 것이다. 과연 글이 제대로 써질까? 오히려 나같이 시간 없다고 전전긍긍하더라도 일정한 수입이 보장되는 직장이 있다는 게 정신적인 부분에는 오히려 도움이 되리란 생각을 한다. 누구 말처럼 월급이 통장을 휙 스쳐 지나가더라도 말이다. 그러기에 전업 작가로 나서는 것보다 직장 생활을 병행하며 책을 쓰는 것이 물리적 시간 확보에 어려움은 있겠지만 오히려 전문적으로 글을 써서 생계를 유지해 나가는 사람들보다는 훨씬 마음은 편할 것이다.

물고기 한 마리를 잡더라도 생계가 걸린 어부가 아니라 레저를 즐기는 낚시인이 되어서 잡는 것과 마찬가지다. 즐기게 된다. 노력하는 자가 절대 이길 수 없는 상대가 바로 즐기는 사람이라고 하지 않던가. 그런 면에서 보면 무슨 일을 하건 내가 즐길 수 있는 일을 한다는 것은 더없는 행복이다.

집안 여기저기 굴러다니는 동전을 모아본 경험이 있는가? 책상 서랍이나 필통 속, 그리고 출장 가방이나 화장대 서랍, 거기다 자동차 안에 굴러다니는 동전들을 한데 모아보라. 동전이 지폐로 바뀔 수도 있다. 사실 우리가 살면서 허투루 흘려보내는 시간이 의외로 많다. 직장이나 가정에서의 시간도 이런 동전들처럼 집약적으로 모아 지폐처럼 활용해야 한다.

직장인들이여 딴짓을 하자

당신은 회사 일에 충분히 최선을 다하여 업무를 하고 있습니까? 이 질문에 당당한 직장인들은 과연 얼마나 될까? 과연 직장인들의 시곗바늘은 얼마나 정직하게 흘러갈까?

직장인 10명 중 9명은 업무 중 딴짓을 하는 것으로 나타났다. 직장인 95%가 업무 시간에 다른 볼일을 본 적이 있다고 답한 것이다. 취업포털 인크루트가 인크루트 직장인 회원 678명을 대상으로 '업무 중 딴짓' 관련 설문조사를 실시, 그 결과를 18일 발표했다.

먼저 업무 시간 중 자주 하는 딴짓이 무엇인지 묻자 응답자의 30%가 '메신저를 통단적인 설문조사로 모든 직장인의 형태를 대변할 수는 없지만 분명히 이 기사에 공감하는 직장인들도 많을 것으로 생각된다. 직장인의 시간은 이렇게 흘러간다. 이런 자투리 시간을 활용하여 좀 더 건설적인 딴짓을 권한다. 물론 직장 내에서 노트북을 펴놓고 본격적으로 글쓰기를 할 수는 없겠지만 마음만 먹으면 이런 시간들을 이용해 독서나 인터넷 등으로 주제에 도움이 되는 자료를 충분히 수집할 수 있을 것이다. 또 사색은 글쓰기에 많은 도움이 된다. 점심시간을 이용하여 집필할 주제에 대하여 차분하게 생각하고 정리하는 마음가짐을 일부러 가져보는 것도 많은 도움이 된다. 사색이 깊어지면 분산되어 있던 생각이 정리되고, 생각이 정리되면 메모를 하게 된다. 정리된 메모는 집필에 많은 도움이 될 것이다.

이렇게 건설적인 딴짓이 쌓이다 보면 비로소 티끌이 모여 태산이 되는 것을 몸소 느끼게 된다. 퇴근 이후에도 마찬가지다. 나는 거의 영화를 본다거나 지난주에 놓쳐버린 무한도전을 다시 챙겨보았다. 또는 프로야구 하이라이트를 채널별로 돌려가며 보았다.

이렇게 우리는 줄줄 흘려버리는 시간이 생각 외로 많다. 시간의 동전을 모아 목돈으로 활용할 수 있어야 한다. 결코 쉬운 일이 아니지만 목표만 뚜렷하면 못 할 리 없다. 우선 목표가 뚜렷하면 잡념이 없어진다. 목표란 대략적인 앞날에 대한 계획이나 생각이 아니다. 노력의 임계점을 통과해 올라설 수 있는 맨 끄트머리의 것이라야 한다. 무엇보다 구체적으로 목표를 그려야 한다.

"올해는 토익 공부를 진짜 열심히 하겠다"보다 "올해는 토익 점수 850점을 꼭 이루겠다"가 되어야 훨씬 목표에 다가서기 수월해진다. 물론 책 쓰기도 마찬가지다. "연말까지 열심히 노력해서 꼭 책 한 권을 써야겠다"는 목표가 아니라 그냥 다짐이다.

올해 나는 무조건 책 한 권을 낼 것이다. 그러기 위해서 3월까지 주제를 선정하고 6월까지 사례 및 자료를 수집해서 7월부터는 집필에 들어가 최종 10월에는 원고를 마감한다. 이후 투고 및 계약이 이루어지고 12월에 서점에 내 책이 깔리게 할 것이다. 이렇게 목표는 디테일해야 하며 구체적이라야 한다.

"계획 없는 목표는 한낱 꿈에 불과하다." 프랑스의 소설가 생텍쥐페리의 이 말은 목표의 중요성을 다시 한 번 생각하게 한다.

글을 쓰기 위해 노트북을 켜면 우선 포털에 떠 있는 뉴스들이나 시선을 잡아끄는 스포츠나 연예계 이야기들에 현혹된다.

버릇처럼 볼 만한 영화를 서치하게 되고 사이트를 돌아다니게 된다. 또한 가입한 카페 등을 기웃거리며 최근에 나온 장비들의 리뷰에 빠지거나 회원들이 올린 영상에 시간을 빼앗긴다. 언제 갈지도 모를 오사카의 맛집을 탐독하는 자신을 발견하게 된다. 목표가 희미하면 이렇게 본질을 그르친다. 20~30분 많게는 1시간이라는 물리적 시간이 바람처럼 지나가 버린다. 바로 몰입할 수 있는 힘을 길러야 한다. 그러기 위해서는 평소에 생각이 항상 목표에 머물러 있어야 한다.

늘 생각해야 한다. 혹자는 그렇게 피곤한 삶은 살기 힘들 것이라고 하지만 사람은 누구나 충분히 그렇게 살 수 있다. 즐거워서 하는 일은 절대 피곤할 리 없기 때문이다. 피곤한 삶이 아니라 행복한 나날이 된다. 골프를 좋아하는 사람은 지난 주말 아쉽게 놓친 이글퍼팅이 늘 머릿속에 머물러 있다. TV를 보더라도 골프 채널만 보고 인터넷을 하더라도 골프에 관련된 것만 보게 된다. 밥을 먹든 걸어 다니든 운전을 하든 일어나서 잠들 때까지 항상 머릿속엔 그 생각뿐일 것이다. 하물며 꿈속에서도 그날 퍼팅하던 장면을 만난다. 생업으로 하는 프로골퍼가 아닌 단순한 취미이지만 이같이 무서운 집중력을 발휘한다. 우리가 목표로 하는 학습이나 글쓰기 등도 마찬가지이다. 결국엔 책 한 권을 쓰겠다는 뚜렷한 목표가 있으면 무섭게 집중해야 한다. 이것은 피곤한 삶이 아니다.

충분히 즐기기 때문에 얻어낼 수 있는 나만의 부가가치라고 생각해야 한다. 즐기기만 하면 반드시 해낼 수 있다.

홈쇼핑에서 영어교재와 강의를 판매한다. 태블릿 PC까지 옵션으로 따라온다. 구매자는 영어 공부를 열심히 해 볼 생각으로 구매를 하였지만 교재나 강의는 뒷전이 되고 태블릿 PC에는 영화나 드라마만 잔뜩 들어 있다. 이처럼 목표가 없으면 공부는 열심히 하게 되지 않는다. 영어에 대한 강력한 욕구와 필요성 없이, 채널을 돌리다 우연히 방송을 보게 되었고 그저 요즘 같은 글로벌한 시대에 영어 공부가 필요할 것 같아 무작정 구매를 한 것이다. 그러나 막상 영어를 활용할 만한 마땅한 이유나 목표가 없으므로 말 그대로 해도 그만 안 해도 그만이 되어 버린다. 애당초 목표가 없었으므로 절대 영어 공부가 잘될 리가 없다. 목표는 순발력보다는 지구력이다. 목표는 오랜 시간 고민하고 계획하여 얻어낸 맨 마지막의 것이라야 한다.

골프를 치든 글을 쓰거나 영어 공부를 하든 멋진 몸을 만들기 위해 운동을 하든 꾸준히 스스로를 단속해가면서 인고의 시간을 보내야만 찬란한 결과물을 얻을 수 있다. 1월의 계획을 12월까지 꾸준히 밀어붙이는 지구력을 길러야 한다. 그리고 실패는 목표에 더 빨리 다가설 수 있게 하는 좋은 디딤돌이다. 절대 두려워하지 말라. 실패는 나 혼자만 아는 훌륭한 데이터 하나를 얻은 것이다.

영혼 없는 출퇴근의 반복보다는 무엇이 되었든 우선 목표를 세우자. 그리고 뒤돌아볼 것 없이 목표에 다가서기 위해 노력하자. 최고는 최선이 뒷받침되었을 때 찾아오는 최소한의 보상이라는 것을 염두에 두자.

지금 당신의 온도는 99℃다

지금 당신의 온도는 몇℃인가. 딱 1℃의 더함으로 부글부글 끓어 넘칠 준비가 되어 있는가? 아니면 아직도 미지근한가? 그저 36.5℃의 체온만을 유지하며 살 것인가? 뜨거운 가슴으로 끓어올라 멋진 인생을 꽃피워볼 것인가? 당신은 딱 1℃가 부족할 뿐이다. 당신은 약간의 온도상승으로 얼마든지 뜨겁게 끓어 넘칠 수 있다. 무엇이 나를 미치게 하는가? 지금 나의 온도를 끌어올리는 것은 무엇인가? 넘치기 직전의 당신이 타오를 촉매제를 찾아야 한다.

우리는 모두 인생이라는 장기레이스를 펼치는 선수다. 돈을 많이 벌었다거나 명예를 얻었다고 해서 성공을 거두었다고 할 수는 없다. 나의 꿈에 얼마만큼 다가서 있는지 얼마만큼의 자부심을 지켜냈느냐가 비로소 성공을 가늠하는 척도가 아닐까 싶다.

충분히 자기의 주관적인 삶을 살아온 나날들이 쌓여 아무런 후회도 없다고 느낄 때 당당히 성공한 인생을 살았노라고 말할 수 있을 것이다. 우리는 이미 성장기부터 죽기 살기로 공부를 한다. 청춘의 푸른 봄날도 온통 공부와 취업이라는 벽을 넘기 위해 그 흔한 시집 한 권을 읽지 않는다. 세상 무엇이든 스펙과 연관성이 없다면 매달릴 가치를 모르는 비루한 청춘이 되어버렸다.

▷ 박웅현 저 『여덟 단어』 中

박웅현 작가의 『여덟 단어』 중에서 "문턱증후군"에 관한 이야기다. 너무나 공감이 되어서 일부를 발췌하였다. 치열한 경쟁과 반복되는 시험에 청춘이 내몰리고 있다. 꿈보다는 좋은 대학이 우선이다. 나의 꿈은 만신창이가 되더라도 이 땅의 정규직이 되는 것이 훨씬 값어치 있는 일이 되었다. 아슬아슬하게 그 문턱을 넘기 위해 이미 10대 중반부터 부단히도 노력을 해왔다. 청춘들에게 청춘이라는 단어는 이미 사치일지 모른다.

통계청 발표에 따르면 2016년 2월 청년실업률 12.5%로 관련 통세를 작성한 1999년 이후 최고치라고 발표했다. 하지만 일부 언론에서는 "실제 청년 체감 실업률은 34%로 공식집계의 4배를 웃돈다."라는 씁쓸한 기사를 쏟아내고 있다.

이미 3포를 넘어 5포 시대에 갈 길 잃은 청춘들이 방황한다. 청춘은 그렇다 치더라도 우리의 노년은 편안할까? 통계청은 "2017년 2분기 60세 이상 고령층 취업자 수, 고용률 역대 최고, 15~29세 실업률 2분기 기준 사상 최악"이라는 발표를 내놓았다. 고령층의 취업자가 청년층 취업자 수를 넘어서버렸다. 학업을 끝내고 사회에 첫발을 내딛는 사람보다 사회생활을 은퇴한 사람들이 다시 사회로 복귀하는 수가 더 많아져버리는 기현상이 일어나고 있다. 2015년 4분기부터 60세 이상 인구가 청년층을 넘어섰고 급격히 고령화 사회로 진입하게 되었다. 고령층 인구는 늘어나는 대신 출산율의 감소로 청년인구의 감소가 한몫을 하긴 했지만 일자리 시장이 얼어붙으면서 이런 추세는 계속될 것으로 전망된다. 하지만 급변하는 시대에 고용에 대한 열망만 넘쳐날 뿐 이미 고용사회는 서서히 끝나가고 있다. 변화를 체감해야 한다. 결국에는 자기계발이다. 맹목적으로 남들이 다하니까 급해서 따라하는 자기계발이 아니라, 목표와 목적이 분명한 자기계발이 필요하다.

당신이 지금 꼬박꼬박 월급이라도 받고 있다면 당장 자기계발을 시작해야 한다. 반드시 인생 2막을 위한 돌파구를 찾아야 한다.

외국어 공부를 한다거나 필요한 자격증을 취득하는 것도 좋지만 확실한 목표가 있어야 한다. 살다 보면 언젠가 필요할 것 같으니 우선 해두고 보자는 식은 아무런 도움이 되지 않을뿐더러 이렇게 희박한 목표의식은 도전과제에 대하여 원하는 성과를 이루기도 힘들다. 좀 절박해야 한다. 간절히 원해야 한다. 1℃를 올린다는 것이 결코 녹록한 일은 아니다. 이런 면에서 볼 때 책 쓰기는 일반인들이 가장 쉽게 접근할 수 있고 가장 빠르고 안전하게 나의 존재감을 세상에 드러낼 수 있는 좋은 방법이다.

책 쓰기는 논문을 쓰거나 박사학위를 받는 것보다 훨씬 빠르고 강력하게 내 이름이 브랜드가 될 수 있는 가장 좋은 방법이다. 비로소 세상과 소통할 수 있는 연결고리가 만들어지는 것이고 그 가운데 자연스럽게 사람과 사람 사이를 이어주는 매개체媒介體가 된다. 책을 씀으로 얻어지는 이러한 흐름은 삶에 있어서 매우 소중한 경험이다. 책은 한순간 언어로 산화되어 없어지는 것이 아니라 종이 위에 활자를 남김으로 내가 전달하려는 메시지와 나만의 스토리를 가장 확실하게 알릴 수 있는 기회가 되며 얼마든지 공유할 수 있다. 나의 경험으로 얻은 지식들을 한 권의 책으로 만들어 세상과의 연결고리를 반드시 만들어 놓아야 한다.

"바쁘다"를 입에 달고 사는 타임푸어time poor의 삶은 정작 그 속을 들여다보면 아무런 실속도 알맹이도 없는 거품뿐인 삶인 경우가 많다. 이런 삶은 직장이든 가정이든 어디서도 환영받지 못한다. 99℃에서 좌절하는 99%가 아니라 1℃를 끓어 올려 나의 꿈과 자부심에 당당히 다가설 수 있는 1%가 되자.

우리는 하루하루 살아가고 있는가? 아니면 버텨나가고 있는가?

매일아침 눈을 뜨면 똑같은 패턴으로 다람쥐 쳇바퀴 돌듯이 지루한 일상의 반복 속에 살아가고 있는가? 새로운 도전에 꿈꾸며 가슴 설레는 삶을 살고 있는가?

누구에게나 가장 주관적인 인생의 값어치는 있기 마련이다. 그 값어치가 나의 자식으로부터 미래를 본다거나 남편의 승진이 즐거움이 된다거나 하는 것은 주인공으로서의 삶이 빠져버린 것이다. 결국엔 그 자리에 자기의 인생이 없는 것이다. 통제하지 못하는 것들로부터 얻는 가치는 물거품과 같아서 그동안 행복이라 여겨왔던 모든 것들이 더 이상은 나를 위해 움직여주지 않을 때 정작 자신이 할 수 있는 것은 아무것도 없다. 생각해보면 행복의 중심에는 그들이 있었을 뿐이지 스스로 만들어낸 만족이나 충만함이 없었기 때문이다.

스스로 해야 한다. 본인이 무언가를 만들어야 한다. 얻어지는 행복이 아니라 만들어가는 행복이라야 한다.

혼자만의 힘으로 가꾼 텃밭에서 작물을 수확하는 즐거움을 맛볼 수도 있고 나만의 레시피로 모든 이들이 좋아할 만한 요리를 만들어도 좋다. 대단하고 원대한 목표가 아니라도 좋다. 명심할 것은 항상 중심에는 내가 있어야 한다. 내가 통제할 수 있는 행복을 만들어 나가야 한다.

백발이 성성한 당신이 20살 대학 시절 가졌던 꿈의 주인공이 되어보아라. 나는 캘리그래퍼로 활동 중이며 전시회도 열었었다. 언론매체에서 기상 관측 이래 연일 최고치 경신이라는 기사가 매일 쏟아져 나왔던 2016년 폭염 속에서도 가을에 있을 캘리그라피 전시회를 준비와 책 쓰기의 자료 수집을 하며 가슴 뛰는 시간을 보내었다.

책을 씀으로 매일 매일 목표에 다가서는 희열을 느끼며 출간 이후 변화될 나의 인생을 상상했다. 하루하루를 가슴 뛰는 시간을 보냈었으며 지금도 새로운 도전에 몰입 중이다. 은퇴를 하고 자식들을 출가시키고 인생의 황혼에 스스로와 마주했을 때 과연 얼마나 당신의 인생에 당당할 수 있을까? 열심히 살아온 것이 보상이 되어 축배의 잔을 들겠는가? 경제적 독립이나 권력의 완성이 아니더라도 나는 가슴 뛰는 삶을 살았다고 말할 수 있겠는가? 지금 당신이 입고 있는 옷이 영원할 것 같은가? 회사 문을 나서는 순간 당신은 자연인의 삶으로 발가벗겨진다. 야생성을 잃어버린 야수의 방사는 곧 죽음을 의미할 수도 있다.

받아먹는 것과 잡아먹는 것의 괴리감에서 배고픔의 아사가 아니라 드디어 깨달아버린 정체성의 아사로 서서히 잠들어갈 것이다. 스스로가 인생의 값어치를 만들어가야만 한다.

인생은 짧은 이야기와 같다.

중요한 것은 그 길이가 아니라 값어치다.

- 세네카 -

책을 쓴다는 것은 나의 생각과 가치관을 다른 사람에게 알리는 것과 동시에 그 분야를 먼저 경험한 사람으로서 정보의 전달과 노하우를 말하는 기회이기도 하다.

개인이 가진 생각에는 정답이 있을 수 없다. 하지만 보편적인 사실에 대해서는 가장 정확한 잣대가 필요하다. 예컨대 아무리 맛집이라도 음식이 맛이 있는지 없는지는 철저히 개인의 의견이겠지만 설탕이 달다거나 소금이 짜다는 사실은 누구도 부정할 수 없는 명확한 사실이므로 작가가 함부로 "설탕은 짜다."라고 말한다는 것은 그 작가의 깃털만큼 가벼운 밑천이 몽땅 드러나 버리는 결과를 초래한다. 그러므로 단순히 책을 많이 읽는 것과 나의 이름을 내걸고 책을 출간하기 위해 책을 읽는 것은 그 깊이가 하늘과 땅 차이이다.

주제와 관련된 많은 책을 분석하고 일일이 의미를 부여하여 발췌하고 필요한 자료를 수집하는 것은 단순히 독서가 아니라 학습이 된다. 몰입도면에서도 엄청난 차이가 생긴다.

그러기에 책을 써야 진정 책을 읽게 된다. 원고를 써나간다는 것은 일단은 분량을 채운다는 의미인데 100% 나만의 경험만으로 300페이지의 분량을 채울 수는 없다. 만약 나만의 경험만으로 원고를 채운다 하더라도 그 원고는 아무런 힘을 갖지 못한다. 근거가 미약하고 사례가 충분하지 않으면 보편적 의견이기보다 개인의 주장이므로 많은 이들의 지지를 받기는 힘들다.

그러므로 명확한 근거와 그 이야기를 뒷받침해줄 사례를 찾는 것은 매우 중요한 일이다. 바로 이러한 작업들은 독서를 통해서 이루어진다. 물론 요즘 같은 정보화시대에는 얼마든지 다양한 루트를 통해 자료를 수집할 수 있겠지만 아무래도 독서를 통한 자료 수집이 훨씬 깊이 있고 공신력 있는 정보를 얻을 수 있을 것이다.

1인 미디어는 이미 다양한 부분에 많이 활성화가 되어 있다. 특히 우리나라처럼 인터넷 환경이 좋은 경우는 누구든 자기의 의견을 미디어를 통해 방송할 수 있는 시대가 열린 것이다. 페이스북, 유튜브 등과 모바일 소셜미디어는 누구나 자기의 역량을 충분히 발휘할 수 있는 대표적인 장이 되고 있다. 실제로 낚시, 요리, 화장법 등 다양한 아이템의 콘텐츠가 매일 매일 업데이트된다.

이러한 현상은 생산성으로 이어져 수익을 추구할 수 있는 구조가 된다. 즉 자기만의 독특한 창의성을 발휘한다거나 반복된 학습으로 해당분야에 깊은 내공을 가진 이라면 누구라도 이 대열에 동참해 사장님의 눈치 볼 필요 없는 1인 기업가로 변신할 수 있다. 새로운 패러다임이 열리고 있다. 당신이 있는 그곳이 바로 방송국이 되는 시대이다.

대중은 콘텐츠에 주목한다. 중요한 것은 그 콘텐츠를 노출시킬 도구가 아니라 내가 가진 확실한 콘텐츠 그 자체이다. 70대 할머니의 화장법이 유튜브를 뜨겁게 달구고, 캠핑카 제작법에 조회 수가 폭발하는 현상은 이제는 그리 놀랄 만한 일도 아니다. 가수 싸이^{psy}가 강남스타일을 발표할 때 유튜브 조회 수를 의식하고 발표했을까? 천만의 말씀이다. 싸이^{psy}의 강남스타일이야말로 콘텐츠가 가진 힘을 유감없이 보여준 대표적인 예라고 할 수 있겠다. 유튜브뿐만 아니라 어디에다 내놔도 뜰 수밖에 없는 강력한 콘텐츠인 셈이다.

그렇다면 내가 가진 무엇이 콘텐츠가 될까? 책을 써보면 자신을 돌아보게 되고 학습하게 된다. 깊은 자기 침잠에 빠지게 되고 비로소 진정한 공부를 하게 된다. 나는 오랜 시간 부동산경매를 해왔다. 관련 서적도 많이 읽었고 풍부한 현장경험도 있었다. 하지만 막상 책을 쓰려니 단 한 문장을 쓰기가 힘들었다.

아무리 자기의 전문분야라 할지라도 책을 쓴다는 것은 친구들과 술자리에서 편하게 말하는 것과는 천양지차^{天壤之差}이다.

말은 바로 산화되어 없어질 수 있지만 글은 활자로 남아 평생 나의 것이 된다. 바로 이런 괴리감에 의해 진정한 공부가 시작된다.

책을 쓰기 위해 그 동안의 현장경험이나 이론공부가 야무지게 정립되는 경험을 하게 된다. 하물며 내가 몰랐던 부분도 새롭게 알게 되고 그동안 잊고 살았던 예전의 기억을 다시 되살리고 학습하는 좋은 계기가 되었다. 비로소 진짜 공부가 시작되는 것이다.

각자 자기의 전문분야가 있다. 대부분은 본인의 생업이 그러할 것이다. 아니면 개인적으로 오랜 시간 수련해왔던 분야가 그럴 것이다. '생활의 달인'이란 프로그램을 보면 신기할 정도로 자기의 일에 정통한 사람들이 많다. 이런 자기만의 콘텐츠를 확장시켜 나가야 한다. 이미 전문가이긴 하지만 학습을 통해 더 넓은 지식으로 확장시켜 나가야 한다. 이것은 절대 업무의 연속성이 아니다. 내가 하는 일을 좀 더 깊고 섬세하게 알아간다는 것은 자기계발의 시작이다. 책을 써보면 숙련된 내 콘텐츠의 이면이 보이기 시작한다. 우리는 그 부분을 채우기 위해 학습을 해야 한다. 나만 알고 넘어가는 학습이 아니라 누구를 가르치기 위한 학습은 깊이가 다르다.

더구나 굳은살 잡힌 나의 콘텐츠를 공신력 있게 뒷받침해줄 신선한 사례와 근거를 찾아야 한다. 이런 과정을 거치다 보면 분명 다른 세상을 만나게 된다. 책을 읽음으로써 시작된 자기계발은 책을 씀으로써 정점을 향해 달린다.

책 쓰기는 평생 현역으로 살아갈 수 있는 가장 좋은 방법이다. 나이에 상관없이 언제든 진짜 공부를 할 수 있는 가장 좋은 방법이다.

책 쓰기와 글쓰기는 다르다

나의 책이 세상에 나오고 주변 사람들로부터 많은 격려와 칭찬을 받았다. 그때마다 항상 빼놓지 않고 하는 말이 있다. 그러면 거의 약속이나 한 듯 똑같은 대답이 돌아온다.

"책 한번 써보세요. 누구나 가능합니다. 절대 힘들지 않습니다."

"에이 내가 무슨 책을 써요? 나같이 글재주 없는 사람이…"

대부분의 사람들은 글을 빼어나게 잘 써야지만 책을 쓴다고 생각한다. 사실 무리도 아닌 것이 나 또한 신춘문예 같은 등단의 과정을 거쳐야지만 정식으로 작가가 되고 비로소 책을 쓰는 걸로 생각했던 적도 있었으니 말이다. 하지만 일반 대중서와 소설이나 에세이 같은 문학작품은 엄연히 그 분야가 다르다. 글은 단순히 책을 이루는 구성원이라 생각하면 된다. 지금 당신이 SNS에 업데이트하는 여러 가지 글들이 모이면 한 권의 책이 만들어지는 것이다. 그동안 꾸준히 업데이트했던 등반 이야기, 해외여행기, 어학 공부 이야기, 반려동물 이야기 등 당신이 생산한 콘텐츠를 한 권으로 엮으면 비로소 책이 되는 것이다.

"에이 나 같은 사람이 무슨 책을 써요."라고 말하는 사람들의 대부분은 책 쓰기를 너무 크게 생각하는 경향이 있다.

실제로 내가 책을 냈을 때 가장 많이 들은 소리 가운데 하나가 바로 그런 소리였다. "정말 대단하다. 책 아무나 쓰는 게 아닌데…" 이런 현상은 책이 주는 가치나 정보의 깊이를 그만큼 신뢰하기 때문이기도 하다.

물론 책 한 권을 쓴다는 것이 그렇게 만만하게 볼 것은 아니다. 하지만 처음부터 겁먹을 필요는 없다. 누구나 도전할 수 있다. 글은 말하듯 쓰면 된다. 나는 집필에 들어가면 책상 앞에 항상 가상의 독자를 앉혀놓는다.

"책을 쓰고 싶다고요? 그렇다면 내 얘기 한번 들어 보실래요? 책을 쓴다는 것은 말이죠…" 뭐 이런 식으로 시작한다. 부동산경매 책을 쓸 때도 역시 마찬가지였다.

"부동산경매를 하고 싶다고요? 그럼 제 얘기 한번 들어보세요. 부동산경매는 물건 검색이 제일 우선입니다. 내가 원하는 물건의 정확한 개념을 먼저 잡으시고 … 주저리주저리…" 이런 식으로 풀어나간다. 이렇게 마구 쓰면 된다. 처음엔 잘 써지지도 않겠지만 잘 쓸 필요도 없다. 생각의 끈을 놓치기 전에 우선 쓰고 봐야 한다. 우리가 글을 못 쓰는 가장 큰 이유는 남의 시선을 너무 의식하기 때문이다. 사실 나도 첫 책을 내놓고 엄청 마음을 졸였다.

특히 주변에 잘 아는 사람이 책을 구매했다는 소리를 들으면 더 긴장이 되었다. 과연 내 글을 읽고 어떤 생각을 할까?

그들에게 내가 어떤 모습으로 비춰질까? 이런 복잡한 생각들로 무척이나 염려스러웠다. 하지만 기우였다. 의외로 타인들은 나의 글에 크게 관심이 없다. 결국 스스로가 스스로를 필터링filtering하게 된다. 이런 식으로 자기검열에 빠져 허덕이다 보면 글의 진도가 나가지 못한다. 항상 그 자리에서 맴돌게 된다. 초보면 초보다우면 된다. 그저 참신하기만 해도 좋다. 어설프게 내는 흉내는 금방 탄로가 나버린다는 것을 명심해야 한다.

작은 것에 집중하라

"엄마 나 위로받고 싶어."

중학교 2학년 딸아이가 아내에게 한 통의 문자를 보냈다. 아내는 깜짝 놀라 무슨 일 있냐고 답 문자를 보냈다. 하지만 아이도 학교에 있고 아내도 근무시간이다 보니 원활한 소통이 이루어지지 않았다. 몇 번의 문자에도 감감무소식이라 아내도 적잖이 긴장했단다. 마음만 졸인 채 속절없는 시간이 흘렀다. 아내는 업무가 끝나기 무섭게 전화를 해 딸아이에게 자초지종을 물었다.

"그냥 오늘 기분이 너무 안 좋아. 어젯밤에는 배가 아팠고, 자는 내내 꿈자리도 뒤숭숭했고 또 오늘 아침엔 코피도 흘렸고, 암튼 여러모로 기분이 많이 다운된 상태라 위로받고 싶어."

그래서 보낸 문자란다. 예민한 시기라 무슨 큰일이라도 생긴 줄 알았는데 나와 아내는 우선 한시름이 놓였다. 혹시 아이에게 필요한 게 있는지 먹고 싶은 게 있는지 물어보고 가능하면 아이의 요구를 들어주라고 했다.

그런데 아내 왈 그럴 필요 없단다. 딸아이가 그냥 어깨 토닥토닥하면서 "오늘 하루도 수고했어, 우리 딸 잘할 수 있을 거야"라고 한마디만 해주면 된다고 했단다. 한없이 작아지는 순간이었다. 진심 어린 마음으로 다가온 사춘기 여학생의 피로감을 물질로 해소시켜주려 했던 발상부터가 잘못되어도 한참 잘못된 것이다. 못나도 한참 못난 아빠다.

이렇게 우리는 상대방의 생각과 다르게 행동하는 경우가 있다. 귀 기울여 그의 얘기를 들어주기보다는 가시적으로 충족시킬 수 있는 물질이나 그에 준하는 것들이 우선이 되는 경우가 허다하다. 종종 너무 큰 것만 생각하다 정작 작은 것들은 모두 놓치는 우를 범하고 만다. 손 위에 남아 있는 자갈보다 손가락 사이로 빠져나간 모래가 훨씬 더 소중할 때가 있다.

마흔 즈음의 나이는 이상과 현실이 가장 맹렬하게 싸우는 시기이다. 연기 인생 30년을 맞이하는 배우 양동근은 어릴 적부터 선배들에게 귀에 딱지 앉도록 들었던 소리가 "진짜 연기는 마흔부터다."라는 소리였단다. 그만큼 분야를 막론하고 마흔은 미완의 대기에서 성숙으로 접어드는 중요한 시기이다. 나만의 꿈에 도전하기 위한 마지노선이라 해도 과언이 아닐 정도로 중요한 시기이다. 직장이나 가정에서 가장 많은 역할을 해야 하며 당당히 내 얼굴에 책임을 지는 시기이다. 무언가 가시적인 성과를 만들어내야만 할 것 같은 느낌이다. 남들이 다 인정하는 번듯한 무언가를 해내야만 할 것 같다. 그러므로 마흔의 세월은 장고長考의 시간이 많다.

특히 중반으로 치달을수록 빈틈을 찾을 수 없는 견고한 현실의 벽을 실감한다. 하지만 너무 큰 것에만 집중할 필요는 없다. 아무리 큰 집이라도 벽돌 한 장으로부터 시작한다. 우리는 각자 한 장씩의 벽돌을 차근차근 쌓아가면 된다. 큰 꿈을 가지되 작은 것부터 내실을 다져간다면 반드시 성과로 이어질 수 있다.

한때 시가총액 세계 1위 애플의 창업도 차고에서 시작되었다. 세상에 화려한 성공은 없다. 남들이 알아주지 않아도 묵묵히 자기의 길을 걸어가면 반드시 성공은 내게 미소 짓는다. 첫 책을 출간하고 요란하게 행사를 진행하는 경우를 종종 본다. "출간 기념회" 혹은 "작가와의 대화"라는 이름을 빌어 멋진 장소에서 화려한 음식과 인지도 있는 인사들을 초대해 놓고 사교모임과 비슷한 퍼포먼스를 구사한다. 참석은 못 했지만 나도 이런 자리에 초대를 받은 적이 있다. 그런데 가장 궁금한 것은 과연 장소 대관이나 음식 등은 어떤 식으로 비용 처리가 될까가 궁금했다. 물론 참가비용이 따로 있긴 하지만 누가 봐도 턱없이 모자랄 게 뻔하다.

결국엔 작가의 호주머니에서 나온다면 뭐 하러 이런 행사를 진행할까? 책 한 권 팔아봐야 인세가 몇 %나 된다고. 바보 같게도 난 이런 생각을 했었다. 내 생각이 편협한 것인지 모르겠지만 보여지는 화려함보다 책 내용으로 충분히 인정받을 수 있는 내공을 꾸준히 키워나가는 것이 결국에는 롱런할 수 있는 길이 아닐까 싶다.

멀리 보고 길게 생각해야 한다. 단박에 이루어지는 성공은 거품 같아서 금방 수그러들고 만다. 우리는 너무 큰 것에만 집중한다. 작은 것에서 충분한 가치를 찾아볼 필요가 있다. 여기 아름다운 시 한 편을 소개한다.

자세히 보아야 예쁘다.

오래 보아야 사랑스럽다.

너도 그렇다.

나태주 시인의 시 "풀꽃"은 작은 것의 가치를 다시 생각하게 한다.

책 쓰기는 작은 씨앗을 심는 것이다

세상에 책을 내놓으면 다양한 경험을 하게 된다. 책을 집필한다는 자체부터가 이미 변화를 예고하는 것이므로 무엇이 될지 모르는 작은 씨앗 하나를 심는 것과 마찬가지이다. 정말 어떤 일이 벌어질지는 아무도 모른다.

몇만 부가 팔려나가 베스트셀러 작가가 될 수도 있고 대학·기관·단체 등에서 강연 요청이 쇄도할 수도 있다. 잡지나 신문, 방송국 등에서 인터뷰를 요청해올 수도 있다. 비로소 내 이름 앞에 전문가라는 수식어가 붙는다.

언제 어디서든 자신을 대변할 수 있는 책이 있다는 것은 나의 이름이 공공의 공간에 알려졌다는 말이다. 이젠 이름이 브랜드가 되는 것이다. 책을 내고 1인 기업가로 퍼스널 브랜딩personal branding에 성공한 예를 주위에서 볼 수 있다. 이렇게 책 한 권의 파급력은 상상을 초월한 제2의 삶을 가져다줄 수도 있다. 하지만 너무 장밋빛 꿈에만 사로잡혀 있는 것은 곤란하다. 위 내용은 책을 내고 얻을 수 있는 가장 잘된 경우를 이야기한 것이다.

하지만 가능성은 항상 열어 두어야 한다. 그리고 진중하게 작가로서 자기의 책을 담담하게 쓰면 되는 것이다. 이름이 브랜드가 되고 1인 기업가로 성공을 하기 위해선 우선 책 쓰기가 선행되어야 한다. 그런 면에서 책 쓰기는 작은 희망을 심는 씨앗과 같은 것이다. 좋은 내용으로 야무지고 실한 열매를 얻을 수도 있겠지만 부실한 내용으로 그저 책 한 권 낸 것으로 그치는 경우도 있다.

책은 내용으로 승부를 해야 한다. 좋은 책을 써야 한다. 그만큼 지루하고 힘든 작업일 수 있다. 돌이켜 생각해보면 글을 쓴다는 것이 절대 쉬운 일이 아니다. 여러 생각과 글들이 모여 비로소 한 권의 책으로 만들어지는 것은 대단히 고단한 작업이다.

자기 경험만을 뚝딱 써낸다고 되는 것도 아니고 오랜 시간 진득한 생각들이 수집한 자료와 사례들과 적절히 잘 버무려져야 한다. 오감을 만족시키지는 못하지만 정신적 청량감을 느끼기엔 충분하다. 종이와 펜만으로 지구의 반대편으로 갈수도 있고 앞으로 나의 인생에 대하여 알뜰한 설계도 가능하다. 그만큼 글을 씀으로 해서 얻을 수 있는 정신적 청량감은 한순간 얻어지는 달콤새콤함과는 비교를 거부한다.

파스칼은 "고뇌에 지는 것은 수치가 아니다. 쾌락에 지는 것이야말로 수치다."라고 했다. 그러므로 글을 쓴다는 것은 정말 값어치 있는 작업이다. 세상이 잠든 새벽에 담담하게 자신을 만날 수 있는 가장 좋은 방법이다. 한편으로 생각하면 쉽지 않다는 것이 다행이라는 생각까지 든다. 차별되는 가치가 없으면 얼마나 허전할까? 책 한 권 쓴다는 것이 그저 운전면허시험 정도 통과한 것 정도의 비중이라면 얼마나 허탈할까? 그러니 글을 쓴다는 것이 많이 고되고 많이 힘든 작업이었으면 하는 못된 생각도 해보았다. 그만큼 힘든 과정을 통과했을 때 얻어지는 카타르시스가 훨씬 크기 때문이다.

그런 과정들을 통과해 만들어진 책은 펄떡이는 물고기와 같다. 어부들이 힘들게 그물을 당겨 올리고 갑판 위에 쏟아진 장정 팔뚝만 한 물고기들의 생생한 펄떡임 바로 그것과 같다. 내가 처음 세상에 책을 내놓았을 때 느낀 솔직한 감정이다.

숱한 날들을 고민하고 쥐어짜낸 생각들이 펄떡이며 살아 숨쉬는 느낌이었다. 그런 나의 책이 밝고 화사한 서점의 판매대에 얌전히 자리 잡고 있는 모습을 보면 가슴이 뭉클하고 감회가 새롭다. 이렇게 책은 작은 씨앗 하나를 심는 것이다. 온전히 뿌리를 내려 그늘과 열매를 가져다줄 미래를 기약하는 것이다. 창대한 미래도 아주 미약한 시작에서 비롯되었다. 지금 당장 글을 쓰길 바란다. 당신의 미래를 위해 건설적인 한걸음이 시작되었다.

스티킹 포인트 sticking point

우리 몸에 근육이 어떻게 만들어질까? 멋진 근육을 자랑하는 소위 머슬마니아 muscle mania 들을 보면 부럽기도 하지만 어떻게 근육을 만들었을까 하는 의문이 생긴다.

물론 운동과 식이요법으로 만들어진 몸이겠지만 좀 더 과학적으로 접근해보면 그 속에는 건설적인 파괴가 존재함을 알 수 있다. 높은 강도의 운동으로 인해 근섬유가 손상을 입게 되고 이 찢어진 근섬유가 회복하면서 상처 난 근섬유들이 스스로를 붙잡게 된다. 이때 근육의 생성에 도움이 되는 단백질 등을 섭취함으로써 더욱 튼튼하고 멋진 근육을 가질 수 있다.

즉 파괴된 근섬유 조직이 회복을 하면서 더 커지고 단단해지는 원리이다. 더 큰 하나를 얻기 위해 하나를 파괴하는 형태, 멋진 근육의 원리는 바로 이런 사이클의 반복이다.

스티킹 포인트 sticking point 란 몸에서 보내는 신호를 무시하고 무리하여 몇 번의 횟수를 거듭함으로써 근섬유에 상처를 낸다는 의미이다. 힘이 떨어져 도저히 못 들 것 같을 때 바벨을 내려놓는 게 아니라 그 순간부터 한계를 넘어서 마지막 있는 힘까지 더 쥐어짜는 것, 도무지 안 될 것 같은데 죽을힘을 다해 몇 번의 횟수를 거듭하는 순간 진짜 운동이 시작되는 것이다.

"세 개만 더, 두 개 더, 마지막 하나"라고 외치는 트레이너들의 교육방식은 이렇게 충분히 이유가 있는 것이다. 전설적인 복서 무하마드 알리도 윗몸 일으키기를 할 때 아프기 시작할 때부터 센다고 했다. 아프기 시작할 때 진짜 근육이 생기기 때문이다.

우리 몸에는 근육이 꼭 필요할까? 태생적으로 근육량은 사람마다 차이가 있다. 젊은 시절에는 근육의 많고 적음이 일상생활에 아무런 영향이 없다. 인체의 모든 부분이 탄력적이고 활력이 넘치는 시기이며 성장호르몬의 영향으로 근육이 저절로 생긴다. 그러므로 근육량에 큰 영향을 받지는 않는다. 하지만 나이가 들면 근육은 자연감소하고 몸은 점점 지방이 들어찬다. 몸무게는 늘어나는 데 반해 근육량은 자꾸만 줄어든다. 소위 똥배와 나잇살이라는 반갑지 않은 인연들을 필연적으로 만나게 된다. 반드시 운동을 해야 하는 시기이지만 그대로 방치를 하면 대사증후군이 생긴다. 대사증후군이란 생활습관병이라고도 한다.

서구화된 생활에 비만인구가 늘어나면서 고혈압, 당뇨병, 고지혈증, 심혈관계 질환 등 유전적 소인과 환경적 인자가 더해서 발생하는 포괄적

질병이다. 어느 순간 무릎이 아파오고 허리가 아파온다. 계단 오르기도 힘들 정도가 되고 세수를 하고 한 번에 허리 펴기가 힘들어진다. 늘어난 몸무게를 떠받치는 허리나 무릎의 근육이 감소함으로 찾아오는 당연한 결과이다.

등이나 허리의 근육이 감소하고 불어난 몸무게를 오롯이 등뼈로만 지탱한다. 거기에 잘못된 자세와 더불어 디스크가 찾아온다. 신진대사가 부족해지다 보니 섭취된 열량을 완전히 태우지 못하고 남은 열량은 지방으로 간다. 먹고 마신 것들이 에너지로 소비가 되지 않고 차곡차곡 쌓인다는 소리다. 팔 다리는 가늘어지고 배만 볼록 나오는 올챙이형 몸으로 변해간다.

글을 쓰는 것도 마찬가지다. 누구나 인정할 수 있는 멋진 글은 한순간에 나오는 것이 아니다. 오랜 기간 숙성되고 곰삭은 생각들이 잘 버무려질 때 비로소 멋진 글이 나온다. 책 한 권을 쓴다는 것을 그저 안락하고 포근한 작업으로 여겨서는 안 된다. 수많은 한계상황을 극복하고 그 극복이 임계점에 다다랐을 때 비로소 노력이라는 이름으로 한걸음 내딛는 것이다. 매 순간이 스티킹 포인트가 될 수 있다는 얘기다. 깊이를 알 수 없는 사유에 빠지기도 하고 10시간 동안 앉아 단 한 줄의 문상에 매달리기도 한다.

완전히 연소시켜야 할 잡생각들에서 벗어나 오롯이 몰입할 수 있어야 한다. 정해지지 않은 자기 침잠의 시간을 향해 끝없이 정진해 나아가는 것이다. 외부의 어떤 도움도 없이 혼자 담대하게 그런 시간들과 마주해야만 한다.

바벨을 내려놓고 싶은 순간 진짜 운동이 시작된다. 글쓰기의 단단한 근육을 키워야 한다. 그러기 위해선 매일 써야 한다. 달랑 세 줄이라도 매일 써야 한다. 남의 시선과 주위의 평가에 신경쓰지 말고 매일이 글쓰기가 되어야 한다. 이렇게 야무진 글쓰기가 페이지를 구성하고 그런 나날들이 모이면 비로소 책이 된다.

이렇게 깊은 생각과 풍부한 경험이 도구가 되어 글쓰기 근육을 불려 주는 것이다. 혹자는 SNS 등에 자기의 글쓰기를 마치 중계하듯 알리는 사람도 있다. 오늘은 15시간을 썼다느니, 글을 쓰기 위해 새벽 시간에 카페를 찾았다느니, 등등 공개된 공간에 노출시키는 사람의 심리는 나를 봐달라는 소리다. 좀 알아달라는 소리다.

물론 사람에 따라 자기의 존재감을 드러내는 형태가 다양하겠지만 내가 말하기보다 실력이 넘쳐흘러 비로소 남들이 먼저 알아줄 때 그 존재감은 더 빛을 발하는 것이다.

공자가 말하기를 "불환무립 환소이립不患無位 患所以立"이라 했다. "지위가 없음을 걱정하지 말고 지위에 오를 능력이 없음을 걱정하라"는 뜻인데 운동을 하거나 글을 쓰거나 소리만 요란한 빈 수레가 되어선 안 된다. 진중하게 세상이 나를 알아줄 때까지 정진하면 된다. 한계라고 시작할 때 비로소 진짜가 열리는 것이다.

인생에 있어서 한번쯤은 스티킹 포인트를 경험하라. 주위에서 보내는 신호를 무시하고 무리해서 바벨을 한번만 더 들어보자. 건설적인 파괴를 경험해보자. 꼭 책 쓰기가 아니라도 상관이 없다. 무엇이 되었건 임계점을 통과해보자. 벽을 만나겠지만 돌아갈지, 넘어갈지, 벽을 깨고 통과할지만 생각하자. 절대 뒤돌아가서는 안 된다. 한계상황에 다다라 멈칫할 때를 기뻐해야 한다. 이제야 비로소 시작되는 것을 즐겨야 한다.

난 윗몸 일으키기 할 때 몇 개인지 세지 않는다.

아프기 시작할 때서야 세기 시작한다.

그게 내가 세기 시작하는 시점이다.

왜냐면 그때가 진짜 운동이기 때문이다.

그게 날 챔피언으로 만든다.

- 무하마드 알리 -

삼성·애플·나이키·벤츠·코카콜라, 이들은 이름뿐만 아니라 로고만으로도 단번에 알아볼 수 있는 브랜드들이다. 우리는 무언가를 선택하기 전에 우선 그 이름에 한번 집중한다.

기업을 대표하는 이름이란 곧 브랜드를 뜻한다. 동료가 차를 뽑아도, 가방 하나를 사더라도, 하물며 운동화 한 켤레를 사더라도 일단은 브랜드에 주목한다. 단순한 의미에서 브랜드는 상표를 나타내는 것이며 이름, 도안, 기호나 문자 등의 디자인이 합쳐진 형태의 것을 통틀어 지칭하는 것이다. 하지만 기업의 입장에서 보면 브랜드의 가치는 어마어마하다. 단순히 회사를 나타내는 디자인이 아닌 것이다. 그 기업의 얼굴이고 명함이며 소비자들에게 믿음과 공신력을 제공하는 선봉장 역할을 하는 것이다. 브랜드는 바로 수익으로 이어져 기업의 존폐를 좌우하는 아주 중요한 요소이다.

소위 이름값으로 자산의 기능을 하는 것이다. 이런 브랜드의 이미지는 비단 기업이나 제품에 국한된 것은 아니다.

스티브 잡스, 빌 게이츠, 백종원 등 이들처럼 자신의 이름이 곧 브랜드가 되기도 한다. 나를 알리고 스스로를 가치 있는 상품으로 만드는 퍼스널 브랜딩personal branding의 시대가 되었다. 자기 PR을 넘어 이름이 브랜드가 되는 경우는 유명세를 타는 일부 연예인이나 프로스포츠 선수, 기업가 등에 제한적이었으나 지금은 SNS나 1인 미디어의 발달로 직장인은 물론 학생이나 평범한 가정주부도 나만의 브랜드를 충분히 구축할 수 있는 시대다. 실제로 다양한 분야에 많은 이들이 자신의 이름을 알리고 활동하고 있으며 실제로 그 분야에서만큼은 전문가로 통하며 유명세를 얻고 있다.

또한 책을 씀으로써 평범한 나의 이름도 당당히 브랜드화시키는 경우가 점점 늘어나고 있다. 그 분야의 전문가로 인정을 받으며 다양한 장소에서 왕성한 활동을 하게 된다.

정년의 개념이 없어진 불확실성의 시대에 책을 씀으로써 얻어지는 퍼스널 브랜딩은 하고 싶은 일을 하면서 평생을 현역으로 살아가는 좋은 방법이다. 그러기 위해서는 당장 책을 써야 한다. 책은 바로 그 자체가 그 사람의 얼굴이고 명함이기 때문이다. 더 이상 무슨 설명이 필요할까? 당당히 나의 저서로 인정받으면 된다. 내가 부동산경매 책을 출간했을 당시에도 도대체 경매를 얼마나 했으면 책까지 썼느냐는 소리를 제법 많이 들었다.

부동산경매를 주제로 책을 썼다는 이유 하나만으로 의심의 여지없이 부동산경매 분야에서 전문가로 인정받을 수 있었다.

책 한 권이 평범한 회사원이었던 나를 부동산경매 전문가로 변신시켰다. 책을 쓴다는 것은 나를 알리는 가장 빠른 방법이다. 책이 출간되고 지인들은 물론이고 먼 친척 분들도 내가 부동산경매를 하고 있으며 또 책까지 출간했다는 사실을 알게 되었다. 당신이 하고 싶은 이야기가 있다면 당장 책으로 써라. 생각을 정리하고 자료를 수집하고 오랜 나의 경험과 함께 한 권의 책으로 탄생할 때, 그 책은 나의 얼굴이 되고 명함이 된다. 더 이상은 독자가 아닌 저자가 되어 보자.

일부 계층에서만 글을 알던 시대가 있었다. 글은 곧 권력이었고 그들을 굳건하게 지탱해주는 힘이었다. 글을 아는 이가 모르는 이를 지배하는 시대였었다. 시간은 흘렀지만 여전히 글의 영향력이 대단한 시대에 우리는 살고 있다. 글을 아느냐 모르느냐가 아니라 누가 글을 쓰느냐 쓰지 않느냐의 시대에 살고 있다.

요즘은 누구나 글을 쓰고 그런 글들이 실시간으로 세상에 퍼지고 있다. 내가 먹은 음식, 내가 찾은 여행지의 사진과 함께 내가 쓴 글이 실시간으로 나를 나타내는 수단이 되고 있다. 기술의 발달로 나의 존재감을 드러내는 가장 빠르고 정확한 수단인 것이다.

예전과 달라졌다면 사진이 첨부되어 시각적인 효과를 더한다는 것. 글은 이렇게 실시간으로 우리의 삶 속 깊숙이 파고들었다. 나를 따르는 팔로워follower 수가 곧 나의 힘이 되는 시대에 도래한 것이다. 글은 책을 이루는 근간이다. 많은 글이 모여 한 권의 책이 된다. 책은 나의 얼굴이고 명함이 된다.

내 시간은 내가 지배한다

"지금 내가 겪고 있는 불행은 언젠가 내가 잘못 보낸 시간의 결과다."
나폴레옹의 이 말은 나에게 많은 영향을 주었다. 그 어떤 말보다 시간의
소중함을 섬뜩하게 일깨워주었다.

우리가 살아가고 있는 이 순간순간이 얼마나 소중한지 깨달아야 한
다. 밝은 미래는 지금 이 순간 만들어지는 것이지 절대 먼 미래에 만들
어지는 것이 아니다. 박웅현 작가는 "삶은 순간의 합이지 결코 경주가 될
수 없다."고 했다. 우리는 매 순간 합이 될 만한 미래를 만들어나가고 있
다. 글을 쓰는 사람이라면 어쩔 수 없이 시간과의 싸움이 시작된다. 지배
를 당하느냐 지배를 하느냐의 기로에서 한번쯤 갈등하게 된다.

특히 직장인은 바쁘다. 종일 회사일로 분주하다. 회사 정문을 나서는
순간부터 출근할 때까지 확보된 물리적 시간을 얼마나 효율적으로 활용
하는가가 관건인데 수면시간을 제하고 오롯이 글쓰기의 환경이 주어지
는가? 절대 그렇지 않다. 회식이나 모임을 줄인다거나 잠을 줄인다거나,

특히 주말이나 휴일을 몽땅 투자한다거나 여러 가지 방법이 있지만 녹녹치 않다.

스마트폰 등 현대 기술의 발달로 근무시간의 경계가 모호해진 지 오래다. SNS로 무차별하게 이루어지는 업무지시는 직장인들이 피로감을 배가시키는 단초가 되고 있다. 하물며 모 국회의원은 "근로자의 사생활 자유를 침해해서는 안 된다."라는 내용이 신설된 이른바 "퇴근 후 카톡 금지법"을 발의했다. 법안이 통과되더라도 현장에서 얼마나 실질적인 성과가 있을지 모를 일이다.

직장인들을 매달 하루 2시간 일찍 퇴근시켜 돈을 쓰도록 만들자라는 정부의 내수활성화 방안에 대하여 직장인들 68%는 퇴근하면 지쳐서 아무것도 할 수 없다고 대답했으며, 유연근무보다 정시퇴근을 더 원하고 있었다. 현실이 이러하다. 좀 더 아름다운 순간의 합을 만들고 싶지만 먹고 사는 문제에 있어서 무조건 아름다울 수만은 없는 세상이다. 세상은 이렇게 점점 더 힘들어지고 있다. 하지만 우리는 내 이름으로 된 책 한 권을 갖기 위해서 많은 부분을 감내하고 이겨내야 한다. 고뇌에 물들고 그것을 즐겨야 한다.

책 쓰기에 입문하고 본문 집필이 시작되는 순간 나는 좀 다른 사람이 되어 다른 삶을 살고 있다고 생각해야 한다. 항상 같은 패턴을 유지하면서 새로운 것을 얻을 수는 없다.

익숙했던 것들과는 과감히 이별하고 자신을 혹한으로 몰아야 한다. 가장 중요한 것은 시간의 확보이다. 우선은 책상에 앉아 있어야만 무어라도 할 것 아닌가? 결코 쉽게 얻어지는 열매는 없다.

강원국 작가는 『대통령의 글쓰기』에서 진득하게 앉아 글을 쓰는 것이 얼마나 중요한지 이렇게 밝히기도 했다

집필은 진짜 엉덩이로 하는 것이다. 물리적 시간을 반드시 확보해야만 한다. 간혹 시간이 없어서 책을 못 쓴다는 사람을 만나게 된다. 정말 시간이 없는 경우도 드물게는 있겠지만, 대부분은 열정이 없는 것이지 결코 시간이 없는 것은 아니다. 가만히 들여다보면 분명히 그런 사람들도 자기가 좋아하는 것은 하며 산다.

새벽에 일어나 유럽의 축구경기를 챙겨보기도 하고, 주말에는 볼링클럽 사람들과 시합을 하고 뒤풀이를 하거나 낚시를 간다. 특별한 약속이 없이 퇴근하는 날에는 몸이 무겁다는 이유로 찜질방이나 사우나를 찾고, 일찍 집에 오는 날에도 영혼 없이 TV채널을 이리 저리 돌리다 잠이 든다.

그러고도 항상 "요즘 너무 바쁘다", "시간이 없다"를 입에 달고 다닌다. 일상의 틀을 깨지 않고서는 아무것도 할 수가 없다. 냉정히 생각해서 나의 24시간을 종이 위에 적어보라. 의외로 흘려보낸 시간이 많다는 것을 깨닫게 된다.

책을 써야겠다고 결심했을 때를 떠올려보자. 당신의 사기는 하늘을 찌를 듯 충천했을 것이다. 또 출간 이후의 삶에 대하여 환희를 꿈꾸었을 것이다. 잠시나마 이렇게 멋진 순간의 합을 상상했을 것이다. 하지만 자신과의 약속은 정말 지키기 힘들다. 성실히 그 약속을 지켜낸 사람은 한 권의 책이라는 달콤한 열매를 얻었을 것이고 그렇지 못한 사람은 언제까지 지지부진한 시간에 갇혀 결국에는 당초 계획했던 나의 책을 갖기는 요원해진다.

출근, 퇴근, 취침의 무한 반복이라면 인생에 무슨 보람이 있고 무슨 가치가 있겠는가? 운동이든 예술이든 봉사활동이든 무엇이든 내가 푹 빠져서 마음껏 할 수 있는 삶을 살아야 한다. 물론 이 책을 보고 있는 사람이라면 당연히 책 쓰기에 빠질 준비가 된 사람이라 생각한다.

에디슨은 "변명 중에서 가장 어리석고 못난 변명은 시간이 없어서라는 변명이다."라고 했다. 언제까지 시간의 지배를 받을 것인가? 이제 내 시간은 내가 주인이 되어야 한다.

안 될 이유를 찾는다는 것은 안 될 가능성을 염두에 두고 있다는 말이다. 되고 안 되고를 따질 필요가 없다. 그냥 시작과 끝이 있을 뿐이다. 비단 책 쓰기가 아니라 다른 분야라도 본인이 마음먹은 것이라면 이유를 따지지 말고 계속하면 끝이 보이고 마무리가 된다.

그런 의미에서 법륜스님의 『행복한 출근길』은 내 인생의 모토가 된 책이다. 실행력에 대하여 이만큼 단호하게 말하는 책은 보기 드물다. 책

중의 내용을 발췌하여 소개한다.

나는 마흔일곱에 6개월의 시간을 고3 수험생처럼 살았다.

단 한순간도 실패하는 상황을 그려본 적이 없다. 멋지게 마무리를 하고 출판사와 당당하게 계약을 하는 모습만 상상했다. 원고를 투고했고 여러 곳에서 러브콜을 받았다. 결국엔 출판사 관계자가 대전까지 직접 내려와 계약을 했고 상상 속에 그리던 것이 이루어졌다.

하기로 했으면 이유가 필요 없다. 그냥 하면 그뿐이다. 시간이 없다고? 하지만 주위에는 책을 내는 직장인들이 늘어나고 있다. 안 될 이유 백 가지보다 될 만한 이유 한 가지면 충분하다. 당신의 시간은 당신이 지배해야 한다.

가장 효율적인 시간을 사용하기 위해서는 계획적인 시간관리가 필요하다. 생각 없이 시간을 흘려보내기보다 계획에 따라 시간을 잘게 쪼게 쓰는 것이 훨씬 효율적이다.

　피터 드러커는 "계획이란 미래에 관한 현재의 결정이다."라고 했다. 아무런 계획 없이 미래가 찬란하리란 생각만큼 무모한 생각은 없을 것이다. 다가올 삶에 대한 준비는 지금 이 시간 계획하고 결정되어져야 한다. 노후를 위한 연금이나 퇴직금이 당신이 만족할 만한 미래를 선사하지는 않는다. 삶을 풍요롭게 한다는 것은 비단 경제적 안정만으로 얻을 수 있는 것은 아니다. 그렇기에 인생의 계획이 필요하다. 절대 미래를 신뢰해선 안 된다. 결국 미래를 만드는 것은 현재의 결정이다. 너무 원대한 계획이 필요한 것은 아니다. 오히려 부작용만 생길 뿐이다. 일주일을 계획하고 그렇게 한달을 생활하고 한해의 꿈을 이루어 나가면 된다.

　그런 시간들이 쌓여 비로소 미래가 된다. 누구에게나 시곗바늘은 항상 공평하게 흘러간다. 시간을 단순히 사용할 게 아니라 알뜰하게 활용해보자. 나의 시간은 내가 지배한다.

　미래는 현재 우리가 무엇을 하는가에 달려 있다.

- 마하트마 간디 -

Chapter 2.

나만의 브랜드를 만들다

이 파트에서는 제가 어떻게 책을 썼는지 솔직한 저의 책 쓰기 후기와 같은 파트입니다. 아마 책을 준비하시는 분이라면 궁금하기도 하고 공감하기도 할 겁니다. 맨 처음 책을 써야겠다고 마음먹은 시점부터 투고와 계약이 이루어지기까지 솔직한 저의 경험담입니다. 돌아보면 정말 힘들고 고독한 시간이었지만 이즈음에 와서 먼발치로 내려다보니 참 잘해왔다는 생각이 듭니다. 스스로 기특하고 대견하기까지 합니다. 비단 책 쓰기의 기술보다는 그때 느꼈던 미묘한 감정까지 당시의 일기를 통해 가감 없이 담았습니다. 저는 새벽을 좋아합니다. 아파트들의 윤곽이 드러나기 시작하면서 서늘하게 새벽하늘이 밝아옵니다. 불빛들이 힘을 잃어가고 밝음의 기운이 베란다를 통해 거실로 퍼지는 순간을 즐깁니다. 오롯이 느끼는 혼자만의 감정입니다. 그 시간 저는 항상 글과 함께 있었고 모니터를 가득 채웠던 활자들이 책으로 세상에 나왔습니다. 독자를 만족시키기 전에 우선 작가가 만족해야 하는 책을 쓰기 위해 부단히도 노력했습니다. 지금부터 그 이야기를 하겠습니다. ▷

열정으로 시작하다

1년 전 일기를 꺼내 읽었다. 일기라기보단 단상斷想을 적은 메모 정도이다. 가장 솔직하게 당시의 감정을 그대로 옮겨놓은 딱 그때 그 시간들과 마주했다. 내키지 않은 결혼식에 참석한 일, 추석 연휴 이후 찾아온 슬럼프, 세미나로 날려버린 3일 등 책 한 권을 쓰기 위한 심리의 변화가 다양하게 표현되었었다. 불과 1년 전 기록인데 아무것도 모르고 오직 투지 하나만으로 밀어붙인 안타까운 족적이 그대로 남아 있었다.

"아이고 책 한 권 써보려고 그래도 참 열심히 살았네."라는 생각이 슬그머니 들었다. 가족들이 모두 잠든 새벽, 지천명을 목전에 둔 나이임에도 면구스럽게 눈시울이 붉어지고 가슴이 뭉클했다. 아무것도 몰랐던 시절 오직 '열정'이라는 미약으로 시작한 나의 책 쓰기를 소개한나.

2017년 3월 19일, 아직 책이 나오기도 전인데 많은 사람들 앞에 설 기회가 생겼다. 딱히 강연이라고 할 수는 없지만 멘토의 초대로 책 쓰기에 성공한 사람들이 자기의 책 쓰기 경험담을 20분 정도 이야기하는 시간이 있었다. 이런 자리가 처음이라 많이 떨리기도 했지만 예비 작가들의 초롱초롱한 눈동자들을 보면서 나의 경험을 열정적으로 이야기했다. 무슨 말을 했는지 모를 정도로 정신없이 시간이 지나버렸다. 무조건 열심히 해야 한다는 이야기만 한 것 같다.

충분히 생각하고 충분히 정리해서 나선 자리였지만 많은 사람들 앞에 나서서 자기의 생각을 또박또박 이야기한다는 것이 이렇게 긴장되고 떨리는 일인 줄 미처 몰랐다.

"왜 책을 쓰려고 생각했어요?"

"글쎄요 세상에 제 이름으로 된 책 한 권을 꼭 내놓고 싶었습니다. 당당하게 사람들 앞에 저 자신을 증명하고 싶었는지도 모르겠고요. 또 인생 2모작에 도움이 될까 하는 생각도 했었습니다."

중간에 잠시 쉬는 시간이 있었는데 나이 지긋한 노신사 한 분이 왜 책을 쓰려고 했는지 물었다.

나의 대답을 들은 노신사께서는 "멋지네요."라는 말씀과 함께 엄지손가락을 치켜세워 주셨다. 세상에 책을 내놓으니 이런 신기한 일들이 생긴다. 내가 누군가로부터 선망의 대상이 되었다.

최소한 이날 나의 이야기를 들으러 오신 분들에게만큼은 나는 그들이 가장 되고 싶어 하는 사람이었다. 어떤 이는 명함을 주며 책이 나오면 꼭 연락을 해달라고 했다. 또 어떤 이는 책 쓰는 과정의 궁금증을 물어보기도 했다. 이 모든 현상이 신기하고 고맙고 놀라웠다.

책이란 것이 단순히 책 한 권이 아니라 그 이상을 내게 보여주었다. 저서 한 권이 반듯하게 나의 얼굴이고 명함이 되는 순간이었다.

“불과 얼마 전만 하더라도 평범한 회사원이었는데 내가 이렇게 많은 사람들 앞에서 나의 경험을 이야기 하다니…”

스스로 놀랍고 신기했다. 가슴이 벅차올랐다. 그동안의 노고가 한순간 깨끗이 씻겨나가는 순간이었다. 하지만 그 과정이 결코 순탄한 것만은 아니었다. 힘든 과정을 거쳐 왔기에 지금 내 손에 책 한 권이 더 소중하게 느껴지는 이유인지 모르겠다.

정확히 언제부터였는지 모르겠지만 내 이름으로 된 책 한 권을 세상에 내놓고 싶었다. 간절하게 세상에 내 이름 석 자가 들어간 책을 당당히 내놓고 싶었다. 나는 직장인이고 남들과 다를 바 없는 그런 삶을 살아가고 있었다. 매일 매일이 그 밥에 그 나물인 것처럼 별다른 변화 없이 매일이 똑같은 하루하루였다.

그 시절 나는 아무런 콘텐츠도 없었다. 반드시 책을 쓰겠다는 마음만 앞서 있었다. 바퀴도 없이 엔진만 뜨거운 자동차 같았다. 밑도 끝도 없이 어디서 이런 바람이 시작되었는지 모르겠지만 정말 책이 쓰고 싶었다.

언젠가 꼭 내 책을 쓰겠다는 마음을 한순간도 놓지 않았다. 하지만 마음만 앞섰을 뿐 도무지 방법을 몰랐다. 어떤 이야기가 책이 되는지, 그 이야기를 어떤 형태로 풀어내야 하는지, 정해진 매뉴얼이 있는 건지, 몇 장을 써야 책 한 권의 분량이 나오는지, 기존의 작가들은 도대체 어떻게 책을 쓰는지? 궁금한 것투성이였다. 마음만 둥둥 떠 있었지 뭐 하나 딱 부러지게 아는 게 없었다.

책 쓰기 학원이 동네 흔한 영어나 미술학원처럼 번듯하게 있는 것도 아니고, 그렇다고 누구 하나 각별한 작가가 주변에 있는 것도 아니고, 답답한 마음에 인터넷을 뒤져보면 소소하게 인터넷 카페나 블로그가 있긴 하지만 그저 본인들의 이야기일 뿐 별로 도움이 되질 않았다. 정작 중요한 이야기는 없었다. 자기만의 콘텐츠를 찾아 열심히 쓰면 한 권의 책이 된다 정도였다. 서울에는 책 쓰기를 전문으로 지도하는 기관이 꽤 있는 듯했다. 하지만 비용이나 시간이라는 주판알을 튕기며 그저 지방이라는 한계상황만 절감하고 있었다.

지방에서 평범하게 직장생활을 하는 나로선 별로 할 수 있는 것이 없어보였다. 현실과 이상 사이에서 열망의 불기둥은 점점 더 크게 타올랐다. 우선 책을 읽었다. 닥치는 대로 책 쓰기와 관련된 책을 읽었다. 하지만 묘하게도 읽으면 읽을수록 더 갈증이 심해졌다.

가려운 곳을 긁어주기는커녕 점점 더 혼란스럽기만 했다. 막상 책 쓰기 책이라고 하지만 대부분이 경계가 모호했다. 책 쓰기보다는 자기 계발서에 가까운 내용들 일색이었다. 자연스럽게 그런 책들의 유형이 보이기 시작했다.

"첫째 책 쓰기보다는 글쓰기에 관한 책, 즉 문장이나 문맥의 흐름을 매끄럽게 가져가는 방법을 서술해서 책 쓰기가 아닌 글쓰기에 가까운 책, 둘째 기술적 요소보다는 책으로 변한 인생에 대한 자기계발서에 더 가까운 책, 셋째 말 그대로 책 쓰기 본연의 자세에 맞게 책 쓰기의 How to에 대해 서술한 책."

세 번째 유형이 어느 정도 도움이 되는 것 같았으나 그렇다고 당장 집필을 할 수 있을 정도는 아니었다. 생각해보면 마땅한 콘텐츠가 있었던 것도 아니고 그냥 마음만 앞섰을 뿐이지 캄캄한 터널을 걷고 있었던 것 같다.

"말을 물가에 데려갈 수는 있지만 물을 먹게 할 수는 없다."는 속담처럼 문제 속으로 파고들기보다는 그 언저리만 계속 맴돌고 있었던 것 같다. 그렇게 한 시간, 두 시간 시간들이 모여 1년, 2년 세월이 하릴없이 흘러만 가고 있었다.

꿈을 향해 서울행 기차를 타다

시간이 흘렀다. 더 이상 멈추고 있을 수만은 없었다. 간절했다.

몇 년의 시간이 흘렀음에도 책 쓰기에 대한 열망이 사그라들지 않았음에 스스로도 많이 놀랐다. 방법을 몰랐을 뿐이지 열망은 뜨거웠다. 뭐라도 해야만 했다. 지푸라기라도 잡고 싶은 심정이었다. 지금도 그렇지만 당시에도 여기저기서 책 쓰기 관련 1일 특강이 제법 많았다. 가격도 천차만별이었다. 기십만 원부터 거의 공짜다 싶은 1만 원대 강의까지 다양하게 많았다. 지금 생각해보면 그런 특강이 수강생을 모집하려는 일종의 영업수단이었던 것 같다.

주말보다는 주중에 특강이 있었으므로 나는 휴가를 내고 서울행 열차를 이용하는 횟수가 많아졌다. 시간과 비용이 들어가지만 내 꿈에 다가서기 위한 투자라 생각했다. 무엇보다 기존에 책이 나와 있는 작가들을 직접 만난다는 게 너무 신선하고 또 신기했다. 가슴이 두방망이질 치기 시작했다. 빨리 책을 써서 작가가 되고 싶었다.

어떤 특강은 매우 유익하고 많은 도움이 되었다. 반면 어떤 특강은 휴가내고 먼 길 달려온 보람도 없이 본전 생각나는 특강도 있었다. 그럴 때면 집으로 향하는 기차 안에서 참 생각이 많아졌다.

"내가 지금 무얼 하고 있는 건가?" 싶기도 했다. 이런 형태의 특강을 참석해보면 정말 정직하게 도움이 되는 정보를 주는 경우도 있지만 사람들 마음만 부풀려 우선 등록하게 하려는 수강생 유치 목적이 강한 곳도 있었다. 무조건 자기와 함께하면 100% 출간으로 이루어진다거나, 하물며 베스트셀러 작가가 된다거나, 다소 황당한 소리를 늘어놓기도 했다. 출간은 본인의 의지만으로 되는 것이 아니다. 물론 작가라면 양질의 원고를 집필하는 것이 가장 우선적인 일이긴 하지만 출판사의 입맛에 맞아떨어져야 계약이 되고 비로소 출간의 기회가 열리는 것이다. 그러므로 100% 출간은 신빙성이 없다. 더욱이 베스트셀러라니 수강생 유치가 아무리 급하다고 해도 너무나 빤히 속이 들여다보였다.

　한번은 L출판사에서 진행하는 특강에 참석한 적이 있다. 특강이 끝나고 며칠이 지났는데 L출판사로부터 1대1 상담을 받아보라는 연락이 왔다. 아마 지난 특강에서 몇 마디 질문한 것이 인상이 깊었나보다 생각하고 흔쾌히 약속을 잡았다. 강의를 했던 출판사 대표와의 상담이라 상당히 기대감에 차 있었다. 어둑어둑한 새벽에 기차를 타고 물어물어 겨우 출판사를 찾아갔다. 다행히 약속한 오전 10시보다 일찍 도착할 수 있었다. 그런데 대표가 나타나질 않았다. 직원이 커피와 책 한 권을 갖다 주며 대표가 조금 늦을 것 같으니 책이라도 보고 있으라고 했다. 텅 빈 회의실에서 혼자만의 시간이 흘렀다. 결국 대표는 40여 분이나 늦게 나타났다. 출근하다가 가벼운 접촉사고가 있었단다(사실 믿음이 가질 않았지만).

　"콘텐츠 개발을 위해 자기만의 시간이 필요하다. 또 본인의 경험이 콘텐츠가 되면 좋은 책이 나온다." 이렇게 10여 분 정도의 짧은 상담을 하고 사라졌다. 이미 특강 때 충분히 들었던 이야기들이었다.

　몇 시간을 달려오고 또 몇십 분을 기다렸는데 달랑 이거 한마디뿐인가? "뭐지? 이런 것이 소위 갑질이라고 하는 건가?" 정말 불쾌하고 마음이 복잡했다. 가장 견디기 힘들었던 것은 내가 이런 대접을 받으면서도 매달려야 한다는 현실에 몹시 자괴감이 느껴졌다. 책이 뭐라고 이렇게까지 수모를 당하면서 써야 하나 싶었다. 이럴수록 더욱 스스로가 단단해지는 수밖엔 별다른 도리가 없었다. 그런데 희한하게 오기가 생겼다. 그래 한번 두고 보자 싶었다.

대전으로 내려오는 내내 분통이 터졌지만 콘텐츠가 얼마나 중요한지는 분명히 배운 듯했다. 자신있게 내가 할 수 있는 이야기를 찾아야만 했다. 그리고 나중에 내가 작가가 되면 나 같은 처지에 있는 사람이 도움을 청해온다면 성심을 다해 도와줄 것을 다짐했었다. 요번만큼은 제대로 해보고 싶은 마음이 큰 불기둥처럼 일어났다. 이런 굴욕이 마음을 다잡을 수 있는 좋을 계기라 생각했다. 차라리 고마웠다. 반드시 책을 쓰고 말 것이다. 분기탱천憤氣撑天하여 다짐에 다짐을 했다.

이후 몇 번의 서울행이 더 이어졌다. 사상 유래 없는 더위가 전국을 강타한 2016년 여름, 드디어 멘토를 만나게 되었고 그렇게 나의 책 쓰기가 시작되었다. 그간의 노력이 결코 헛되지 않았다. 이젠 무언가 보여줘야 한다.

세상에 한방 먹이고 내 자신의 존재감을 당당하게 증명해 보이고 싶었다. 하지만 무얼 써야 할지 어떤 자료를 모아야 할지 첩첩산중이었다. 우선 나만의 콘텐츠가 절실했다.

평범하게 살아온 인생이 이렇게 후회스러운 적이 없었다. 평범하다는 것은 눈에 띄지는 않더라도 별다른 굴곡 없이 살아왔다는 이야긴데, 이 사회에서 '평범하다'는 것은 세상을 그렇게 열정적으로 살지 못한 것에 대한 반증처럼 느껴졌다. 이것이 부메랑이 되어 나를 괴롭힐 줄이야 생각도 못했다. 하지만 드디어 나만의 책 쓰기가 시작되었다. 그 자체만으로도 안심이 되고 기분이 좋았다.

왜 부동산 경매 책인가?

본격적인 책 쓰기가 시작되면서 깊은 고민에 빠졌다. 무얼 쓰지? 쓰기는 써야겠고 무엇을 써야 할지는 모르겠고, 이런 딜레마에 빠지다 보니 도대체 내가 무얼 믿고 책을 쓴다고 날뛰었던 건가?

밑도 끝도 없이 도대체 무얼 믿고 수없이 서울을 오가고 그 오랜 시간을 고민해 왔던 건가? 한쪽 날개를 잃은 파리처럼 한자리만을 뱅뱅 도는 느낌이었다. 책 쓰기에 도전해본 사람이라면 누구나 한번은 이런 고민으로 힘들어한다. 나 또한 책 쓸 것을 다짐하고 난 후, 가장 힘들었던 것이 바로 나만의 콘텐츠였다. 무엇을 써야 할지 막막했다.

물론 장르는 다양하다. 하지만 소설이나 에세이는 말 그대로 감성이 뚝뚝 흘러야 할 것 같고, 어쭙잖게 자기계발서는 더더욱 아니 될 소리였다. 그렇다고 감히 인문학이나 고전을 건드릴 수도 없는 노릇이고 막막했다. 콘텐츠 개발의 몇 가지 원칙에 대해 생각해보았다.

우선 나의 업무관련성이나 내가 가장 잘하고 가슴 뛰는 일이 무엇인가 생각해 보았다. 업무상 영상을 촬영하고 편집하는 일은 충분히 전문가의 수준이라 할 수 있겠지만 과연 이 이야기가 세상에 나갔을 때 얼마나 많은 사람들이 관심을 기울여줄지는 미지수였다. 무엇보다 요즘 같은 광속의 시대에 스마트폰 하나면 높은 수준의 영상물을 제작하는 데 큰 어려움이 없다. 촬영이나 편집뿐만 아니라 SNS 등으로 연결이 되어 바로 세상과 소통이 가능한 시대인데 과연 이런 주제가 먹힐까? 자신이 없었다. 그리고 무엇보다 중요한 것은 철저하게 나만의 것이어야 한다. 내 것이 아니면 좋은 글이 나올 수도 없고 결국에는 끝을 맺기가 힘들어진다. 모든 아이디어는 나의 경험에서 나와야 한다. 철저하게 나만의 경험이 바탕이 되어야 한다. 또한 나 자신과 완전히 동떨어진 주제를 찾다 보면 그만큼 시간이나 금전적인 소모가 심해진다. 내 경험이 수반되지 않으면 어렵게 책이 출간되더라도 결국엔 안 좋은 결과로 나에게 부메랑이 될 수 있다. 책을 쓰게 되면 강연이나 코칭, 칼럼, 기고 등 다양한 기회가 주어진다. 하지만 내공이 얕다 보니 강연 무대 등에 절대 설 수가 없게 된다. 사상누각砂上樓閣인 셈이다.

나는 고민이 깊어졌다. 과연 내가 가장 자신 있게 내세울 수 있는 나만의 콘텐츠는 무얼까? 나의 강점은 무엇일까? 시간은 하릴없이 흐르고 그만큼 고민의 깊이도 더해갔다.

이 고민을 박차고 나가 빨리 자료를 수집하고 집필에 몰입하고 싶은 마음이 간절했지만 마땅히 주제를 찾지 못하는 모습이 돛을 잃은 조각

배 같은 느낌이었다. 순풍이 불어도 바람을 탈 수 없는 그저 물 위에 떠 있기만 한 초라한 조각배 같았다.

자기 침잠沈潛의 시간이 필요했다. 마음을 차분히 가라앉히고 살아온 인생에 대하여 깊은 생각에 빠져들었다. 책을 쓴다는 이유로 이런 시간을 갖는다는 것이 오히려 좋았다. 몇 날 며칠을 오직 한 가지 생각에 빠져들었다. 유년시절부터 학창시절, 군대생활, 직장생활, 결혼, 출산, 육아 비로소 중년이 된 지금의 시간까지 맨 밑바닥으로 내려가 내가 살아온 흔적들을 차근차근 떠올려보았다. 돌이켜 생각해보면 한 번도 자기 자신에 대하여 이렇게까지 깊은 생각에 빠져본 적이 없었다.

"그냥 살았구나, 그저 앞만 보며 아등바등 살았구나." 싶었다. 많은 부분을 기억해냈고 회한과 환희가 복잡하게 얽히고설키는 경험을 할 수 있었다. 힘들었지만 좋은 시간이었다. 그리고 한동안 잊고 살았던 제법 많은 것들을 기억해 낼 수 있었다.

그중에 하나가 바로 부동산경매였다. 생각해보니 나는 부동산경매를 참 오랜 시간 공부했고 실전의 경험도 많았다. 이론 공부를 위해 많은 사람들을 만났었고 실전 감각을 익히기 위하여 종횡무진 현장을 누볐다. 실패도 많았지만 수익이라는 달콤한 성공도 맛보았다. 진행 과정에서 다양한 형태의 인간군상을 만났었고 무엇보다 우리 가족이 온전히 살고 있는 이 집도 부동산경매로 취득한 집이다.

"맞아 내가 지금 낙찰 받은 집에 살고 있었구나." 생각이 이즈음에 미치자 한동안 잊고 지냈던 오랜 친구를 만난 것 같았다. 갑자기 자신감이 생겼다.

"그래 이것이 내가 할 수 있는 이야기다." 가장 확실하게 남들에게 말할 수 있는 나만의 생생한 경험을 드디어 찾아냈다는 확신이 들었다. 정말이지 한동안 미친 듯이 부동산경매에 매달렸었다. 하지만 여러 가지 이유로 최근에는 거의 손을 놓은 상태였다.

어느새 부동산경매는 다른 사람의 일인 양 그렇게 멀어져 있었다. 다시 시작할 수 있을까? 솔직히 두려움이 앞섰지만 찬밥 더운밥 가릴 처지가 아니었다. 과연 부동산경매라는 주제로 나만의 이야기를 만들어 낼 수 있을까? 어떤 이가 물어보아도 막힘없이 이야기할 수 있을까? 몇 번이나 곱씹어 보았다. 단순히 책상에 앉아 공부한 법률적 지식으로 몇 마디 참견할 수 있는 정도의 실력이 아니라 부동산에 관련한 이론학습과 풍부한 현장경험이 있었기에 자신감이 생겼다.

"왜 이제야 생각이 났지? 생각해보면 가장 가까이에 있었는데, 항상 내 옆에 있었는데, 내가 못 찾았구나. 너무 깊고 어렵게만 생각했구나. 차분히 자신을 들여다보면 보이는 것을…" 싶었다.

정신을 차리고 차근차근 돌아보니 그동안 모아왔던 자료들과 무엇보다도 책장에는 제법 많은 경매관련 서적이 꽂혀 있었다. 책 사이사이에는 여러 가지 메모들과 부동산중개업소의 명함들이 간간히 나왔다. 기억이 새로웠다. 몇 년을 놓고 있었구나, 너무 멀리와 버린 건 아닐까? 생각이 여기에 미치자 마음이 급해졌다. 너무 오랜 시간 멀어져 있어서 어디서부터 시작해야 할지 혼란스러웠다. 하지만 자신감만은 충만했다. 그동안 세월에 비추어 보면 부동산경매는 나에게 아주 자연스러운 주제였고, 충분히 감당해 낼 수 있을 것 같은 판단이 생겼다.

이야기의 구성에 앞서 정확한 타깃층을 분석해야 했다. 앞서 영상촬영이나 편집에 관한 부분은 오랜 시간 내가 해왔던 생업이었음에도 주제가 될 수 없었던 이유는 독자층이 없을 것 같아서였다.

일부 관심 있는 사람들에게는 어필할 수 있을지 모르지만 보편적인 주제가 아니라는 생각을 했다. 하지만 부동산경매는 미성년자가 아닌 이상 남녀노소 누구나 할 수 있다. 확실히 책을 사 볼만한 독자층이 넓어졌다. 하지만 그렇다고 해서 모두가 나의 책을 사줄 것이란 생각은 버려야 했다. 정확한 타깃층이 없이 뭉뚱그려 집필한다고 절대 많은 사람이 책을 사주지는 않는다.

부동산경매를 배우려는 직장인, 가정주부, 학생 등 왕초보들을 위한 부동산경매 책이라는 콘셉트로 방향을 잡았다. 그 모습이 바로 평범한 직장인 월급쟁이 아빠인 지금의 나였다.

그래 나와 같은 직장인들, 평범한 가정주부나 부동산경매에 관심 있는 젊은 층들에게 부동산경매를 새롭게 도전할 수 있는 기회로 제공하자. 충분히 시장에서 먹힐 수 있는 이야기라 생각했다.

직장인으로 살아가면서 어떻게 부동산경매를 시작하게 되었는지 어떤 성과와 실패를 경험했는지 그동안의 경험과 월급쟁이 아빠로서 지금의 내 모습을 진솔하게 쓰면 되겠다는 생각이 들었다.

주제가 정해졌다. 이제는 달리는 일만 남았다. 이때 많이 느꼈다. 무엇으로 한 권의 책이 되는가? 내가 할 수 있는 이야기가 무엇인가? 당당히 세상에 외칠 수 있는 나만의 이야기를 찾아야 한다. 나의 경험과 충분한 자료가 비로소 한 권의 책이 된다는 사실을 알았다.

자료를 수집하자

자료와 사례는 책 쓰기에 아주 중요한 요소다. 일방적인 나의 이야기는 아무런 감흥을 주지 못하지만 그 이야기를 받쳐줄 자료나 사례들은 분명히 나의 이야기에 힘을 실어주고 충분한 공감을 자아내게 해준다.

주제가 정해졌다. 이미 반 정도는 책을 쓴 것 같은 느낌이 들었다.

부동산경매라는 명확한 주제로 독자들에게 나의 이야기를 해야 한다. 맛있는 요리를 만들기 위해선 신선하고 깨끗한 재료가 필요했다. 요리사의 실력도 중요하지만 우선은 질 좋은 신선한 재료를 모아야 한다. 이 밥상을 차리기 위해 정말 오랜 시간을 돌아온 느낌이었다. 그동안 읽었던 부동산경매 관련 책들을 하나씩 다시 챙겨보았다. 내가 한동안 이렇게 공부했었구나! 당시 읽었던 책들을 다시 보니 새록새록 그때의 기억들이 깨어나는 것 같았다.

부동산경매는 우리나라 법원에서 집행하는 일종의 법률행위다. 이런 엄중한 주제를 해리포터같이 상상력만으로 쓸 수 있는 것이 아니었다. 민

법, 민사특별법과 같이 정해진 법률에 근거하여 명확하게 써야 한다. 이 부분은 절대 경험이 많다고 해서 지어낼 수 있는 이야기가 아니다.

그러므로 가장 정확하고 공신력 있는 자료를 수집해야 한다. 대법원이나 법제처 국가법령정보센터 등 가장 공신력 있는 기관에서 자료를 수집했다. 그러고도 다양한 루트를 통해 확인에 확인 작업을 거듭했다. 인터넷에는 정말 많은 자료들이 떠돌았다. 하지만 절대 신뢰할 수 없는 자료들이었다.

같은 생각을 가진 사람들이 만든 카페나, 개인의 블로그 등은 절대 공적인 신뢰를 받을 수가 없다. 유저들도 나름 확인된 사항을 업데이트했겠지만 옮기는 과정에서 오류가 발생할 수도 있고 본인의 추측에 의한 생각을 업데이트할 수도 있다. 인터넷 공간에서 정보를 받아들이는 네티즌들은 그 정보를 알아서 해석하면 된다. 필요한 부분만 걸러내든 아니면 아예 무시하든 그들 나름의 몫이다. 하지만 책은 이야기가 완전 달라진다. 돈을 내고 구매하는 책에 잘못된 정보를 제공한다는 것은 결국엔 부메랑으로 돌아와 작가 본인에게 족쇄가 된다. 아니면 말고 식의 논리로는 곤란하다. 책이 가지는 정보력과 신뢰성에 대하여 다시 한 번 느꼈었다.

2016년 여름 수은주는 연일 기록을 갈아치우고 있었다. 그 폭염의 한가운데서 주제 찾기에 여념이 없었고, 폭염의 기승이 살짝 누그러질 때즈음 본격적인 자료 수집에 매달렸다. 우선 가장 잘나가는 부동산경매

관련 책들을 살피기 시작했다. 말 그대로 제일 핫한 녀석들을 따로 골라
내었다.

한동안 경매를 떠나 있었어도 꾸준히 관련 서적은 출판되고 있었고,
나만 무관심했을 뿐이지 그렇게 시장은 꾸준히 돌아가고 있었다. 그중
가장 많은 판매를 기록한 책들부터 꼼꼼히 분석에 들어갔다. 이 책들은
최근의 트렌드를 그대로 반영하고 있기 때문에 반드시 읽어야만 했다. 내
용뿐만 아니라 전반적인 구성이나 레이아웃, 목차 등 책의 편집이나 표
지 스타일 등도 꼼꼼히 따지면서 읽었다. 그리고 기존에 좋은 평을 받았
던 책들과 저평가되었지만 내공이 느껴지는 책들을 서로 비교해가며 읽
어나갔다. 정말 무더운 여름이었다. 9월이 되어도 더위는 꺾이지 않았다.
최후까지 몸부림치며 마지막 열기를 내뿜는 것 같았다. 그즈음의 일기를
소개한다.

2016년 8월 31일
자료 수집을 위해 세이 문고를 방문했다. 이현정 작가의 『나는 돈이 없
어도 경매를 한다』와 신정헌 작가의 『저는 부동산경매가 처음인데요』가
아직 가판대에 있는 걸 보고 깜짝 놀랐다.
출간한 지 꽤 오래된 책들인데 롱런하는구나라는 생각이 들었다. 한밭
도서관을 갔으나 만족할 만큼 자료를 확보하지 못했다. 하지만 뭔지 모
를 용기가 생겼다. 이 정도라면 나도 할 만하다 싶은 근거 없는 자신감

이 마구마구 생긴다. 책 쓰기를 같이 시작한 5명이 단체 연락방을 만들었다. 서로의 근황이나 정보를 주고받을 수 있을 것 같다. 무조건 열심히 해야겠다.

회사, 집, 도서관으로 옮겨 다니며 오직 자료 수집에만 몰두했다. 또 10월에 캘리그라피 전시회에 작품을 출품하기로 되어 있었다. 한 가지나 잘할 걸, 일만 벌이는 것이 아닌가? 염려스러웠지만 틈틈이 노력하여 10월 전시회도 무사히 잘 마쳤다. 수집한 자료도 차곡차곡 쌓여갔다. 곡간에 양식이 쌓여가는 느낌이었다. 하지만 한 가지 어려운 점은 그동안 경매와 너무 오래 떨어져 있었으므로 기존의 경매시장 분위기와 최근의 트렌드가 어떻게 흘러가는지 감을 잡을 수가 없었다. 가장 최근에 나온 책들을 읽어봐도 뚜렷하게 들어오는 것이 없었다. 세상은 광속으로 변해가는데 나만 그곳에 멈춰 있는 듯했다. 시대의 흐름을 파악해야 했다.

부동산경매뿐만 아니라 청년실업률, 베이비부머세대의 삶, 노인인구의 증가, 자영업의 창업과 폐업 등 한두 가지가 아니었다.

가장 현실적으로 와 닿는 것은 그간의 신문기사를 챙겨 보는 것이었다. 인터넷으로 관련 기사를 역으로 추적해서 꼼꼼히 읽고 필요한 부분은 몽땅 기록해 두었다. 매일 매일 종이 신문도 빠짐없이 챙겨보았다. 다행히 회사에는 신문이 많았다. 직원들이 신문을 모두 읽은 오후 늦은 시간 신문 속지를 챙겨보았다. 주로 금융과 부동산, 취업 관련 기사 등 경제의 흐름에 대하여 집중적으로 분석된 기사와 사례가 많았다. 정말 많은 도움이 되었다.

시사 관련 다큐멘터리도 꼼꼼히 챙겨보았다. "60 이후 노년의 삶에 대한 보고서"라든가 "세계의 주거환경" 등에 대한 프로그램은 많은 도움이 되었다. 보고 듣고 느끼는 것 모두가 자료가 되었다.

내 인생 가장 뜨거운 여름을 보내고 있었다. 사실 내가 책을 쓴다는 것이 그때까지만 해도 실감이 나지 않았다. 하지만 한순간도 의심하지 않았다. 시간은 흘러 나뭇잎들이 물들기 시작했다. 이젠 나도 슬슬 결실을 준비해야 할 시간이 가까워졌음을 느꼈다.

독서에 관한 몇 가지 참견

자료 수집과 독서는 떼려야 뗄 수 없는 관계이므로 이 장에서는 독서에 대한 나만의 생각을 언급해 볼까 한다. 그동안 독서를 하면서 느낀 몇 가지 소회를 밝히는 정도이니 너무 심각하게 받아들이지 않아도 좋을 듯하다. 너무나 잘못된 독서에서 벗어나 참된 독서를 하고 있다고 느끼므로 이같이 적어본다.

독서讀書 말 그대로 책을 읽는다는 뜻이다. 백과사전에서는 한발 더 나아가 '심신을 수양하고 교양을 넓히기 위하여 책을 읽는 일'이라고 되어 있다. 심신을 수양하고 교양을 넓힌다. 바로 이 부분이 독서 본연의 자세가 아닐까? 자료 수집을 하다 보면 자연스럽게 많은 독서를 하게 된다.

이때 독서는 평소 우리가 읽는 패턴의 독서가 아니다. 아마 책을 쓰기 위해 자료 수집용 독서를 해 본 사람이라면 평소 책 읽기와 확연히 다르다는 것을 한번쯤 느꼈을 것이다. 무슨 차이일까?

적용의 차이이다. 자료 수집용 독서는 읽고 버리면 안 된다. 내 것으로 갖고 있어야 한다. 책을 쓰기 위한 자료이므로 어떤 형태든 내 것으로 만들어 확보를 해야 한다. 나의 집필에 반드시 참고를 해야 하므로 마음대로 취급할 수가 없다. 소중하다. 실수로 지워버렸거나 엉뚱한 곳에 흘려버린 경우 안타까움에 몸부림친다.

어떤 파트에선 머릿속에만 맴도는 해당 자료를 찾지 못해 안절부절하며 다시 책을 펴들기도 한다. 그렇다면 한발만 물러나 이러한 나의 행동을 제3자의 시선에서 들여다보자. 내가 언제부터 이렇게까지 꼼꼼하게 책을 읽었던가 싶다. 체크하고, 찍고, 생각을 써보고, 궁금한 것은 찾아보고, 제3자의 눈으로 독서에 임하는 나 자신을 발견할 때 놀라지 않을 수 없다. 자료 수집을 위한 독서는 이런 식으로 진행이 된다. 그렇다면 일상의 독서에 대해 몇 마디 참견해본다.

나는 책을 정말 못 읽는 사람 중의 하나였다. 몇 페이지만 넘겨도 지루하고 졸리고 당최 집중이라고는 찾아볼 수 없는 사람이었다. 하지만 언제부터인지 정확히 모르겠지만 책은 반드시 읽어야 한다는 사명감 같은 것이 생겨 독서를 본격적으로 시작했다.

사실 이렇게 시작부터가 잘못되었다. 독서는 심신을 수양하고 교양을 넓히기 위한 수단인데 사명감에 사로잡혀 독서를 했으니 책을 읽기보다 권수 쌓기가 되어버렸다. 이때에 즈음하여 인문학 돌풍이 불었고 너도 나도 할 것 없이 그저 많이만 읽으면 장땡이라 생각했었다. 1년 100권 읽기라는 야심찬 계획을 세우고 매년 도전했다. 독서 관련 카페에는 한 달 동안 30권을 읽었느니, 50일 동안 50권을 읽었느니 하는 무시무시한 1일 1독의 미션을 수행하는 사람들 이야기가 업데이트되었다.

"힘내세요. 페이스를 유지하세요. 한번 늘어지면 끝장입니다." 등등 전투적인 댓글도 달려 있었다. 나는 또 그걸 부러워했다. 당시 나는 독서 블로그를 운영했었다. 포스팅할 때마다 매번 늘어나는 게시물의 수에 흐뭇해했다. 제법 호의적인 댓글이 달리면 기분이 좋았다. 주변에서도 항상 책을 읽는 나를 좋게 보고 어느 순간 나는 책을 굉장히 많이 읽는 사람으로 이미지가 굳어져가고 있었다. 지금 생각해보면 독서를 한 건지 달리기를 한 건지 분간이 가질 않는다. 아마 그걸 즐기고 있었나 보다. 늘어나는 게시물의 수, 호의적인 댓글, 주변으로부터의 이미지 등등 속 빈 강정이란 바로 이런 경우를 두고 한 말인 것 같다. 책을 읽은 것이 아니라 책을 읽는 모습을 자랑하고 있었구나. 심신을 수련하고 교양을 넓히는 것이 아니라 그저 껍데기만 번지르르하게 치장을 하고 있었구나 싶었다.

정말 한심한 것은 이미 읽은 책임에도 마치 처음 보는 책인 양 다시 같은 책을 읽는 일도 있었다.

그리고 한동안 독서로부터 멀어졌다. 이런 식이라면 책을 읽을 아무런 이유도 없었다. 변화가 없는 두드림은 아무 의미 없이 공허했다. 한동안 독서와 멀어졌지만 책 쓰기에 도전하면서 다시금 독서에 대한 열정이 불타올랐다. 이때 느꼈다. 책은 지저분하게 읽어야 한다. 예전에는 책을 접는다거나 밑줄을 친다거나 하는 행동은 상상도 못했었다. 잡티 하나 없이 책은 깨끗하게 읽어야 한다는 것이 지배적인 생각이었다. 하지만 다시 책을 읽기 시작하면서 생각이 많이 바뀌었다. 반드시 정독을 해야 한다. 깊은 몰입이 필요하다. 또 필요한 부분은 밑줄을 치든 포스트잇을 붙이든 어떤 형태로든 표시를 해두어야 한다. 중간 중간 나의 생각과 궁금증을 적어 놓는 것도 좋은 방법이다. 무엇보다 반복해서 읽어야 한다. 아무리 쉬운 책이라도 단 한 번에 내용을 이해할 수 있는 책은 드물다. 내가 가장 못했던 부분이 바로 반복해서 읽는 것이었다. 무엇보다 시간이 아까웠기 때문이다. 진짜 시간 낭비라고 생각했다. 뭐 하러 이미 읽은 책을 또 읽어, 차라리 그 시간이면 다른 책 한 권을 더 읽는 편이 훨씬 낫다고 생각했다.

백번 읽고 백번 익힌다는 세종대왕의 독서법인 백독백습은 같은 책이라도 매번 읽을 때마다 다른 의미를 깊이 학습하라는 메시지가 담겨 있다. 백번까지는 아니더라도 책은 반드시 반복해서 읽어야 한다. 몇 번을 반복하면 읽는 시간도 많이 단축이 된다.

독서는 보고 깨닫고 적용해야 한다. 박상배 작가의 『본깨적』에 나오는 이야기이다. 독서를 하는 최후의 목적이 아닐까 싶다. 대부분의 독서가 일상으로 파고들지 못하는 가장 큰 이유는 책을 보기만 했다든가, 아님 깨닫기까지는 했는데 생활에 적용을 하지 않기 때문이다.

앞서 자료 수집용 독서에서도 말했듯이 적용의 차이이다. 10년간 영어를 배워도 외국인과 말을 섞지 않으면 실력은 항상 제자리에서 맴돈다. 뭔가를 시원하게 뚫고 발전해 나가지를 못한다. 매일이 같은 날이다. 삶의 변화가 없다. 역경을 딛고 일어선 그들의 이야기를 읽었으면 "정말 대단하구나"에서 끝나면 안 된다. 나도 그들처럼 살아보고 싶다는 뜨거운 마음이 일어나야 한다. 아주 작게라도 생활에 적용해 보아야 한다. 마지막 페이지를 덮으며 생각도 거기서 덮어 버리면 안 된다. 책을 안 읽은 것과 마찬가지이다.

개인적인 바람이지만 이 책도 마지막 페이지를 덮었을 때 "나도 책 쓰기에 도전해볼까?"하는 작은 불씨라도 일어나길 간절히 바라며 집필하고 있다.

나는 『행복한 출근길』의 법륜 스님의 가르침도 실천해보았고, 『실행이 답이다』의 이민규 교수님의 가르침도 실천하고 있다.

최근에는 『여덟 단어』의 박웅현 작가의 가르침을 실천하기 위해 노력 중이다. 삶이 변했냐고 물으신다면, 최소한 그런 영향으로 책 한 권은 출간할 수 있게 되었다고 감히 말할 수 있다. 실제로 전작을 집필하면서 이런 가르침이 많은 도움이 되었다. 정신의 반 정도는 이런 가르침에 의탁하고 글을 쓴 것 같다. 실천하는 힘이나 스케줄 관리 능력, 본질을 뚫고 보는 방법, 시간의 소중함 등 뭐 하나 버릴 것 없는 가르침을 책을 쓰면서 그대로 적용했다.

독서는 자랑이 아니다. 1년에 한 권을 읽어도 좋다. 책으로 인해 삶이 바뀐다면 뭐가 더 필요한가? 진짜 독서는 보고 깨닫고 생활에 적용하는 것이다. 정신을 지배하지 못하는 독서는 독서가 아니다. 그저 한 권 읽은 것일 뿐이다. 나는 지금 진짜 독서를 하고 있다.

"이 책 어때?"라는 질문에 책의 전반을 이야기할 수 있어야 한다. "이 책 아주 좋아"라든가 "읽어 볼 만해" 정도의 대답이라면 책을 제대로 읽었다고 볼 수 없다. 전반적인 책의 내용과 내 생각의 방향까지도 분명하게 말할 수 있어야 한다. 그리고 어떤 식으로 일상에 적용한다거나 하는 좀 더 발전적인 이야기까지 이어지면 더할 나위 없는 독서라 하겠다. 반복해서 읽어야만 가능한 일이다. 지금부터라도 체크하는 버릇, 생각을 적어보는 버릇, 궁금한 것은 바로 알고 넘어가는 버릇, 반복하는 버릇 등 이런 버릇들에 의지해 보길 바란다. 분명히 기존의 독서와는 다른 세계가 열릴 것이다.

책 몇 권 읽었다고 삶이 바로 바뀌지는 않는다. 나 또한 진짜 독서로 계속 정진 중에 있다. 뒤늦게 깨닫고 시시콜콜 참견해보았다. 당신의 독서에 문제가 있다면 방법을 바꾸어 보시길 간곡하게 권한다.

집필하자

드디어 본문 집필이 시작되었다. 내 안의 또 다른 나와 가장 오랜 기간 갈등하고 싸운 시간이었다. 긴 시간, 책의 9할을 차지하는 본문을 집필해야 한다. 우선 생활을 간소화하고 단속해야 할 필요성을 느꼈다. 책을 써보면 많은 것을 포기해야 하는 순간이 온다. 사실 그래야만 한 권의 책을 만날 수 있다. 하고 싶은 것 다 해가며 책을 쓰기란 불가능에 가깝다. 특히 우리 같은 직장인들은 잠을 줄이거나 주말이나 휴일을 몽땅 투자해야 한다.

나는 오후 2시에 출근해 밤 10시에 퇴근하는 시차제 근무를 했다. 남들과 다른 독특한 근무환경이므로 가장 효과적으로 집필에 전념할 수 있는 환경을 만들어야 했다. 내가 책을 쓰면서 가장 하기 싫었던 한 가지는 불경스럽게도 출근이었다.

어느 날은 출근과 연차의 경계에서 영겁永劫의 시간을 고민하기도 했다. 그 고민의 무게감을 그대로 안고 출근하는 날도 수두룩했다. 가장 기본적인 경제활동인 직장생활마저도 접고 싶을 만큼 물리적인 시간이 필요했다. 지금 생각해 보면 가족의 생계와 책 쓰기를 동일 선상에 놓고 있었나 싶었다.

물론 그건 아니지만 한참 글이 잘 써질 때, 소위 글빨이 받을 때가 있었다. 그 여세를 몰아 진도를 나가야 하는데 노트북을 덮어야 할 때 정말 많이 아쉬웠다.

"그냥 오늘 하루 연차를 내버릴까? 아님 그냥 출근을 해야 할까?"

바로 이 순간이 영겁의 시간을 고민하는 시간이었다. 하는 수 없이 노트북의 전원이 꺼지는 순간 생각도 딱 거기서 꺼지는 느낌이었다. 출근이 철천지원수같이 느껴지는 순간이기도 했다.

하물며 주말에 결혼식이나 집안 행사 등이 있으면 굉장히 날카로워졌다. 글을 쓸 수 있는 온전한 시간을 마음에도 없는 남의 결혼식에서 영혼 없는 축하를 해줘야 한다는 것이 너무나 불만스러웠다. 직장생활을 접고 책 쓰기를 전업으로 돌려 활동하는 작가들을 보면 그렇게 부러울 수가 없었다. 정말 부러웠다. 당시 나와 같이 책 쓰기를 시작한 K 선생님은 SNS에 하루 종일 집필에 몰두했다는 내용의 글과 함께 약간 연출된 듯 책들로 둘러싸인 노트북 사진을 업데이트했다. C 선생님도 매일 근처 까페로 출근한다고 했다. 그들이 너무 부러웠다.

결국에 두 분 다 나보다 먼저 책을 출간했으며 작가로 활동하고 있다. 하루 종일 식음을 전폐하고라도 글만 쓰고 싶었다. 그만큼 집필에 들어가면서 물리적 시간 확보가 필요했다.

특히 직장인으로서 책을 낸다는 것은 만만한 것이 아니었다. 물론 생업에 종사하는 사람이라면 누구나 마찬가지겠지만 시간 확보가 제일의 관건일 수밖에 없다. 그래도 내 이름으로 된 책 한 권 출간한다는 목표를 세웠다면 짬을 내는 수밖에 별다른 도리가 없었다. 그때에 즈음하여 일기를 보니 물리적 시간 확보와 풀리지 않는 실마리로 심경이 복잡했음을 알 수 있다.

2016년 9월 16일

추석 연휴 3일째 별다른 움직임 없이 독서만 계속한다. 집필을 해야 하는데 아직 많이 부족함을 느낀다. 내일 결혼식은 울산까지 가야 하는데 하루를 그냥 날리는 느낌이다. 본격적으로 목차 만들고 좀 더 타이트하게 움직여야겠다.

2016년 9월 30일

추석 연휴 이후 살짝 슬럼프. 무얼 더 모아야 하고 무얼 더 해야 할지, 모든 것이 멘붕이다. 다시 한 번 박차를 가해야 한다. 내일 서울 간다. 피드백 잔뜩 받고 좋은 기운 가득 안고 돌아와야겠다.

시차제 근무를 하므로 대체로 오전에는 시간이 확보되는 편이었다. 하지만 오전 시간은 너무나 분주했다. 은행이나 병원 등 개인적인 일이나 점심 약속 등이 생겼다. 또 맞벌이를 하므로 소소하긴 하지만 아내가 출근한 오전의 집안일 일부는 나의 몫이기도 했다.

물리적 시간을 확보하는 것이 중요하긴 하지만 글을 쓴다는 것이 공장에서 찍어내는 제품마냥 정해진 시간에 정해진 물량만큼 나오는 것이 아니다. 하지만 그나마도 오전 시간은 그냥 이런 식으로 흘러가는 경우가 많았다. 어떻게든 타이트하게 계획을 세우고 효과적으로 시간을 운용해보고 싶었지만 번번이 그때마다 크고 작은 일이 생겼다.

10시에 퇴근하고 귀가하면 작은 아이는 이미 잠이 들었고, 중2 큰아이는 얼굴 한번 빼꼼히 내밀고는 자기 방으로 쏙 들어가 무엇인가를 한다. 아내는 TV를 보거나 책을 보거나 했다. 평온한 이 그림 속에 온전히 녹아들고 싶었다. 소파 한자리 차지하고 TV채널을 이리저리 놀리거나 맥주라도 마시고 싶었다. 하지만 나는 거의 11시부터 글을 썼다. 쉬고 싶었다. 몹시 피곤했다.

맥주나 마시다 소파에서 스르륵 잠이 들고 싶었다. 하지만 꾸역꾸역

섰다. 써야만 했다. 내가 선택한 길이니만큼 너무나 당연히 해야만 했다. 무엇보다 나중에 후회가 남을까봐 가장 두려웠다.

"나는 이래서 못했다."라는 말을 죽기보다 하기 싫었다. 그렇게 원해서 시작을 했으니 반드시 끝을 보아야 한다고 생각했다. 집필의 시작은 대부분 11시부터였지만 딱히 정해진 끝은 없었다. 그냥 눈꺼풀이 처질 때까지 쓴다. 어깨도 아프고 허리도 아프고 무엇보다 눈에 자글자글 모래가 돌아다니는 것 같았다. 더 이상은 자판을 두드리기 힘들 때까지 썼다. 그리고 잠이 들었다. 휴일 전날은 훤하게 밝아오는 새벽하늘을 보고 잠이 든 적도 있었다. 비록 몸은 피곤했지만 말할 수 없는 뿌듯함이 밀려오는 순간이기도 했다.

컨디션에 따라 잠을 좀 일찍 자고 가능하면 새벽 시간에 짬짬이 집필을 한 적도 많았다. 한바탕 부산하게 가족들이 다 빠져나간 오전 시간은 몰입하여 집필하기는 힘들었다. 이런 오전 시간은 컨디션 조절을 위해 걷기 등 가벼운 운동을 했다. 또 지난밤 집필한 내용을 살펴보고 보완한다거나 오늘 쓸 자료에 대하여 좀 더 디테일하게 정리하는 작업들을 했다. 그러므로 관건은 휴일이었다. 완벽하게 책 쓰기에만 매달리고 싶었다. 직장인들의 책 쓰기 성패를 좌우하는 것은 바로 주말이나 휴일에 있다고 해도 과언이 아니었다. 아무것도 안 하고 온전히 주말의 모든 시간을 투자하고 싶었다.

"지금 약간 힘들 뿐이다. 어떤 형태가 되었든 오늘의 노력은 반드시 보상을 받을 것이다. 시작을 했으니 무조건 끝장을 봐야 한다."

밑도 끝도 없이 이런 악착같은 마음이 생겼다. 하지만 가족들의 이해도 구해야 했다. 쉬는 날이면 틀어박혀 글만 쓰는 아빠를, 종일 도서관에 있다가 어두워서야 집으로 돌아오는 남편을 과연 얼마나 이해해줄까? 다행인 건 우리 가족들은 모든 것을 이해하고 잘 도와주었다. 그러므로 책 쓰기란 나 혼자만의 작업이 아니라 일부는 믿고 응원해준 가족들의 몫이기도 했다. 고달프고 힘든 이 생활을 계속해야 하나 하는 갈등이 매일 매일 나를 괴롭혔다. 하지만 그냥 하는 수밖에 별 뾰족한 수가 없었다.

이렇게 밀어붙일 수 있는 힘은 바로 성과였다. 성과는 사람을 미치게 했다. 다이어트를 생각해보자. 지난 3개월 동안 체중의 변화가 없다가 어느 순간 쭉쭉 살이 빠지기 시작하고 몸매가 잡혀가는 것을 직접적으로 느끼면 누가 시키지 않아도 절식을 하게 되고 정해진 시간에 운동을 열심히 하게 된다. 모든 것이 마찬가지다. 바로 성과 때문이다.

내가 경험해 본 바 정말로 눈에 보이는 물리적 성과는 사람을 살짝 미치게 했다. 계속할 수 있게 밀어붙이는 원동력이 되어주었다. 마치 마라톤선수가 러너스하이 runner's high를 느끼는 것처럼 일정 단계를 넘어서면 써야 한다는 의무감보다는 더 많이 더 빠르게 쓰고 싶다는 잔잔한 흥분상태에 들어간다. 한마디로 즐기게 된다. 힘들지만 꾸준하게 집필을 하면서 시간이 지날수록 페이지 수가 늘어났다. 한 자릿수였던 페이지가 어느새 세 자릿수가 되었다. 백 페이지를 넘기는 날 기분 좋게 한잔했다. 스스로 대견한 나에게 상을 준 셈이었다. 기분이 좋았다.

숱하게 힘든 시간들을 보냈지만 차곡차곡 쌓이는 원고들을 보니 마지막 페이지가 끝날 때 즈음엔 뭔가 모를 울컥함에 가슴이 뜨거워짐을 느꼈다. 2016년 가을에 집필을 시작해 이듬해 겨울에 원고를 마감했다.

2017년 2월 중순이었다. 마우스를 딸깍거릴 때마다 한 장씩 넘어가는 페이지를 보고 있자니 만감이 교차했다. 그 무덥던 지난여름 책 한 권 써보겠다고 서울로 그리고 도서관으로 참 바쁜 나날들이었는데, 어느새 엄동설한에 마감된 원고가 눈앞에 쌓여 있었다. 긴 터널을 빠져나온 느낌이었다. 지난 수개월여가 주마등처럼 스쳤다. 지천명知天命을 눈앞에 두고 고3 수험생처럼 살아온 시간들이었다. 하지만 벅찬 감격도 잠시, 새로운 고민 하나가 스멀스멀 올라왔다. 막상 마감은 했지만 과연 내가 제대로 책을 쓰기나 한 건가? 혹시 투고하고 망신이나 당하지 않을까? 산 넘어 산이라고 했다. 하나를 끝내니 또 하나의 걱정이 밀려왔다.

이 내용을 출판사에서는 어떻게 받아들일까? 집필 기간에 잊고 살았던 투고에 대한 두려움이 다시 고개를 들었다. 많이 망설여졌다. 투고는 했지만 단 한 군데 출판사에서도 연락이 없다면 얼마나 비참할까? 지난 세월이 얼마나 허망할까? 생각이 복잡했다. 하지만 품 안의 자식을 비로소 세상에 내놓는 심정으로 조심스럽게 이메일을 열었다.

투고하고 계약하고

2017년 2월 24일 금요일!

드디어 원고를 투고했다. 머릿속이 복잡했다. 좀 더 수정을 했어야 할 것 같았다. 여기까지 달려왔는데 자신이 없었다. 돌아보면 힘든 시간이었지만 살면서 가장 보람된 시간이기도 했다. 무엇 하나에 이렇게 간절히 매달려본 경험이 일찌감치 없었으므로 이만큼 해냈다는 것만으로도 나름대로 뿌듯했다. 만감이 교차했다.

오전 8시 각 출판사에 메일을 보냈다. 초보 작가지만 나름 최선을 다해서 집필하였다는 진심어린 내용을 담아 메일을 보냈다.

오랜만에 아내가 월차로 쉬는 날이었다. 한바탕 부산스러운 아침 시간이 지나고 아이들이 빠져나간 자리에 우리 부부는 늦은 아침 식사를 했다. 매일 아침 출근으로 바쁘던 아내와 오랜만에 여유 있는 아침 시간이었지만 긴장감 넘치는 하루의 시작이기도 했다.

오랜 시간 옆에서 지켜봐온 아내도 아마 나와 같은 기분이었을 것이다. 식탁을 마주하고 앉은 아내가 먼저 입을 열었다.

"기분이 어때?"
"뭐 시원하기도 하고 섭섭하기도 한데, 거 기분 참 묘하네."

정말 그랬다. 기분이 묘했다. 잘 키운 딸아이 시집보낼 때 이런 기분일까? 복잡하고 묘하고 한편으론 시원하고 그런 기분들이 뒤죽박죽인 아침이었다. 하지만 중요한 것은 내 기분이 아니라 투고에 따른 결과가 어떻게 이어질지가 제일 신경 쓰이는 아침이기도 했다. 어차피 책을 쓴다는 것은 어느 정도 상업성을 염두에 두고 있는 터라 출판사에서 연락이 없으면 그동안의 노력이 말짱 도루묵이 될 수도 있는 상황이었다. 주위에서는 자비출판도 많이들 한다지만 나는 절대 그렇게 하고 싶지는 않았다. 본인이 쓴 글을 업체에 맡겨 본인의 자금을 투자하여 책으로 만든다는 것은 어찌 보면 책을 썼다기보다는 그저 인쇄에 불과하다는 생각이 들었다. 당당하게 출판사와 계약을 하고 작가로서 인정을 받으며 기획출간을 목표로 삼았기에 그 외의 다른 생각은 아예 하지도 않았다. 착잡했다.

"당신 그동안 열심히 노력했으니까 좋은 결과가 있을 거야. 계약은 물론이고, 분명히 베스트셀러가 될 거야…"
내 표정을 읽었는지 아내가 먼저 머쓱하게 농담을 던졌다. 화기애애한 식사 자리가 채 끝나기도 전에 모르는 번호로 전화 한 통이 걸려왔다.

"여보세요. 서현관 작가님이시죠…."

작가라는 표현이 어색해서 잠시 머뭇거렸다.

"네 그렇습니다만 어디시죠?"

"안녕하세요? 저희는 OO출판사입니다. 작가님 원고 잘 보았습니다. 원고가 아주 좋습니다. 저희가 적극 검토하겠습니다. 일단은 작가님 메일로 계약서와 계약조건에 대해 상세하게 정리해서 보내겠습니다. 꼭 한번 검토해보시기 바랍니다."

사기라고 생각했다. 아무런 감흥도 없고 그다지 놀랍지도 않았다. 흔히들 말하는 보이스피싱인가 싶기도 했다. 이런 합리적인 의심은 투고한 지 채 한 시간이 지나지도 않았는데 280여 쪽의 원고를 검토했을 리 없다고 생각했기 때문이다. 그러므로 계약조건 운운하며 연락이 오는 상황을 쉽게 이해하기 어려웠다. 별일도 다 있구나, 정도로 생각했다. 누가 봐도 쉽게 이해할 수 없는 상황이었다. 하루가 지난 것도 아니고 불과 한 시간이 지났을 뿐이다.

연락이 온다는 것은 장난이거나 사기로 밖엔 설명이 안 되는 부분이었다. 그런데 한술 더 떠, 혹시 다른 출판사와 이야기되는 곳이 있느냐고까지 물어보았다. 아직 없다고 했더니 본 출판사는 책의 제작과 광고에 탁월한 능력을 가진 출판사이므로 꼭 같이 일하기를 원한다고까지 이야기했다. 말끝마다 작가님, 작가님 하는 것이 너무 어색해서 도통 무슨 이야기를 하는지 썩 이해가 되질 않았다.

성의 없이 "네 네 알겠습니다. 감사합니다."만 몇 마디 했을 뿐 얼른 전화를 끊고 싶었다. 한마디로 얼떨떨했다.

아내도 마냥 좋아할 일만은 아닌 거 같다며 신중하라고 우려를 표했다. 내가 아는 것과는 달라도 너무 다르게 말도 안 되게 빨리 연락이 왔다.

투고를 하면 출판사로부터 연락이 오기까지 보통 2주 정도가 걸리는데 요즘은 빨라져서 보통 이틀 정도면 이 원고가 될 만한 원고인지 아닌지 판가름이 난다는 이야기를 들었고, 그렇게 알고 있었다.

적어도 이틀은 걸려야 정상인데 이틀은커녕 두 시간도 지나기 전에 적극적인 구애를 받은 것이다.

이게 시작이었다. 또 전화가 온다. 이번에는 꽤나 유명한 M출판사였다. 경제 경영서 부분으로 워낙 유명한 출판사라 누구나 알만한 이 출판사의 관계자는 자기가 본부장이라고 소개를 했으며 충분한 이야기를 나누었다.

경제 경영부분에 있어서는 최고의 강자임을 자부하고 있으며 원고가 좋으니 충분히 잘 만들어서 띄울 자신이 있다는 내용이었다. 통화가 끝나고 문자로 본인의 명함을 보내주었다. 최선을 다하여 만들 수 있으니 꼭 함께하자는 말과 함께 말이다. 꿈이 아니라 생시였다. 무슨 이런 일이 생기나 싶었다.

　이후 전화가 폭주를 했다. 문자도 거의 폭탄 수준으로 들어왔다. 이메일의 답장도 엄청나게 들어와 있었다. 물론 모두가 계약을 하자는 내용은 아니었지만 상당히 호의적이었으며 적극적인 검토를 약속하는 내용들이었다. 구름을 탄 기분이 바로 이런 것이구나, 영원히 잊지 못할 금요일이었다. 아내는 마침 쉬는 날이어서 이런 기분 좋은 장면을 생생하게 옆에서 함께할 수 있어서 고맙기도 하고 다행이라고 했다. 마치 자기의 일처럼 기뻐했다.

　"경사가 났는데 이 소식을 들어줄 사람이 없어 가슴이 터져버릴 지경이었다."

　스티븐 킹의 『유혹하는 글쓰기』의 이런 대목이 떠오르며 공감이 되었다. 그동안 과정을 묵묵히 지켜보고 격려해준 존재가 그 경사도 함께할 수 있다는 것이 얼마나 영광스러운 일인가. 나는 그날 연차휴가를 낼 수밖에 없었다. 출근을 해도 업무를 제대로 할 수가 없을 것 같았다. 실제로 전화와 문자는 저녁 시간까지 계속 이어졌다.

　주말에도 간간이 전화와 문자가 이어졌다. 꿈만 같은 시간이었다.

2월 27일 월요일

대전역에서 출판사 관계자를 만났다. 계약을 하자는 출판사 측의 많은 러브콜이 있었지만 직접 대전까지 내려오신다는 출판사 관계자도 있었다. 너무 과분한 대접에 나중에 서울에 올라가 찾아뵙겠다고 했음에도 기어코 월요일 아침에 대전으로 오신다니 별도리가 없었다. 출판사의 마케팅을 담당하는 부장님이 직접 오신다니 긴장도 되고 잘하고 있는 건지 우려스럽기도 했다. 커피숍에서 S부장님을 만났다. 많은 이야기를 나누었다. 느낌이 좋았다. 무엇보다 내가 제시한 조건에 준하는 원만한 합의가 이루어졌다. 우리는 서로의 입장을 확인하고 기분 좋게 헤어졌다.

고민은 그렇게 길게 가지 않았다. 그날 저녁 나는 계약을 승낙했고 서류 등 소정의 절차를 거쳐 모든 과정이 끝났다. 금요일에 투고하고 월요일에 계약했으니 주말을 빼면 어제 투고해서 오늘 계약한 셈이었다. 초스피드로 진행이 된 것이다.

너무나 빠르게 진행이 되었다. 그러다 보니 계약을 했음에도 여러 군데서 원고를 적극적으로 검토했고 상당히 높이 평가한다면서 계약조건을 제시해왔다. 약간은 허탈하기까지 했다. 수험생 모드로 살아왔던 지난 수개월의 집필 기간, 자료 수집에 몰두하였던 그해 여름 도서관, 멘토를 만나기 위해 수없이 돌아왔던 시행착오, 그리고 서울로 향하던 열차에서 느꼈던 서늘한 새벽 공기까지 그동안의 과정들이 주마등처럼 스쳐 지나갔다. 이렇게 많은 시간들이 충분히 보상받는 것 같았다. 당당하게 나는 스스로에게 이렇게 말했다.

"거봐 내가 해냈잖아. 분명히 내가 할 수 있다고 했잖아."

나의 첫 책은 이렇게 탄생했다. 책이 정식 출간되고 가족들과 함께 서점을 찾았다. 아이들과 함께 내 책을 발견했을 때의 감격은 영원히 잊을 수 없다.

"아빠! 여기 아빠 책 되게 많아. 100권도 넘는 것 같다."

    책이 출간되고 가족들과 대형서점을 찾았다. 책을 발견한 7살 딸아이가 눈치 없이 큰소리로 아빠를 불렀다. 힐끔거리는 주변 사람들의 시선이 느껴졌다. 약간은 창피하기도 했지만 싫지는 않았다.

    사람들이 너무 많아 책을 집어 들고 사진을 찍는다는 게 왠지 어색했다. 가족들은 너무 신기해했고 나 또한 너무나 신기했다.

    책장을 넘기는데 한 장 한 장에 추억이 얼룩져 있는 것 같았다. 집필 당시의 모습이 너무나 선명하게 떠올랐다. 당시의 마음가짐, 밤에 쓴 건지, 새벽에 쓴 건지, 하물며 입고 있던 옷까지도 생각이 나는 것 같았다. 신기한 경험이었다. 내방에 틀어박혀 정리해 낸 나의 이야기가 이렇게 멋지고 환한 조명 아래 진열되어 있다.

    드디어 세상에 내 이름으로 된 책이 나왔다. 긴 시간 응집된 나의 원고가 한 권의 책으로 잘 다듬어져 독자들을 기다리는 상품이 되었다. 인터넷 예스24, 교보문고, 알라딘, 인터파크도서 등 어디서라도 나의 책이 검색된다. 시간이 지나면 어지간한 대형서점에 책이 진열된다. 초보 작가들은 서점에 진열된 본인의 책을 들고 소위 인증샷을 찍기도 하고, 사진들을 SNS에 업데이트해서 주변 지인들로부터 격려와 부러움을 한 몸에 받는다. 충분히 그럴 만하다. 묵묵히 긴 시간을 견뎌낸 보상이며 가장 소박하게 누리는 호사라고 생각하면 된다.

이젠 세상에 나의 이야기가 알려졌다. 속속들이 너무나 잘 알기에 어떠한 부메랑이 되어 나에게 돌아올지 궁금해지는 순간이다.

긴 밤 나의 고민과 생각들이 지면 위에 활자가 되어 독자들에게 전달된다. 그들은 나의 해법을 보고 동조할 수도 반감을 가질 수도 있다. 어찌되었건 내 생각 한 뭉텅이가 불특정한 그들에게 전달되어지는 시간이다. 개인적으로 신기하고 흥분되는 일종의 사건이다.

나는 운이 좋게도 책이 출간되기도 전에 모바일 네이버 경제M에서 광고가 되는 영광을 누렸다. 상영을 앞둔 영화의 예고편처럼 출간 전 책의 대략적인 내용을 열흘간 연재하는 방식이었다. 이렇게 지명도 있는 포털의 그것도 경제섹션에 실린다는 것은 초보 작가로서는 더 할 수 없는 기회를 잡은 것이다.

출판사 측의 눈부신 활약이 만들어낸 행운이라 생각한다. 지면을 빌어 다시 한 번 출판사 측에 감사의 뜻을 전한다.

그 열흘은 나에겐 정말 기적과도 같은 시간이었다. 많은 것을 느끼고 깨닫게 해주었다. 평균 7만3천 명이 다녀갔으며, 47명이 댓글을 남겼고, 95명이 "좋아요"를 눌러주셨다.

어떤 이는 비록 지금 자신의 처지가 한탄스럽지만 글을 보고 용기를 얻었으니 희망을 갖고 열심히 살고 싶다고 했다. 또 어떤 이는 가슴이 뭉클하다고 했다. 글로써 사람의 마음을 움직일 수 있다고 생각하니 오히려 두렵기까지 했다. 댓글을 읽으면서 과연 글이란 것의 엄청난 힘을 느꼈다. 글을 쓰는 사람이라면 절대 스스로에게 관대해져서는 안 된다는 생각이 들었다. 좀 더 엄중하게 스스로를 단속하고 준엄한 잣대가 필요하다는 생각을 했다.

명확한 기준 없이 쓰는 글은 엄청난 불행을 초래할 수도 있겠다는 생각이 들었다. 정말 바보 같게도 책을 쓰기 전에 미리 알았어야 할 글의 위력과 신뢰감을 출간을 눈앞에 두고서야 깨달았다.

이처럼 독자층의 직접적인 반응이 작가에게는 광고 그 이상의 많은 가르침이 된다. 광고는 노출이다. 어떤 방법이 되었건 무조건 책을 많이 노출시켜야 한다. 대부분의 작가들은 광고나 판매는 출판사에서 하는 것이라고 생각하는데 절대 그렇지 않다. 작가도 판매할 수 있는 역량이 되면 두 팔 걷어붙이고 무조건 팔아야 한다. 광고도 출판사의 몫으로만 남겨둘 것이 아니라 작가도 스스로의 책을 알리기 위해 고군분투해야 한다. 무조건 노출시켜야 한다. 나는 동영상 광고를 직접 제작했다. 몇 개의 안을 만들어 출판사와 조율했으며 몇 번의 수정 과정을 거쳐 최종본을 광고에 활용했다. 지금도 온라인서점에는 책 소개와 함께 동영상 광고를 함께 볼 수 있다. 책이 출간되었다고 작가의 할 일이 끝났다고 생각하지 말자. 결국에 나의 책을 파는 것이다.

이렇게 열정으로 시작한 나의 책 쓰기는 주제 찾기와 자료수집, 인고의 시간을 집필하여 투고와 계약이 이루어졌고, 드디어 새색시 같은 얼굴로 세상에 나와 배시시 웃으며 나를 바라본다. 여러분도 꼭 책 쓰기에 도전하길 간곡히 바란다. 세상에 내 책이 처음 나왔을 때 가족과, 혹은 부모님이나 연인과 함께 서점을 찾아보길 권한다.

당신이 어떤 인생을 살아왔든 그 순간만큼은 영원히 잊지 못할 기억으로 남을 것이다.

내가 책을 내면 모두가 사줄까?

나의 책이 당당히 대형서점 베스트셀러 코너를 장식하고 작가의 이름이 알려지면서 강연 무대에서 나만의 생각을 이야기한다. 많은 청중들의 우레와 같은 환호를 받으며 서서히 연단을 내려온다. 언론사에서는 인터뷰 요청이 쇄도하고 유명 일간지에서는 칼럼을 제안해오기도 한다. 출판사마다 차기작의 기대감으로 준비해온 조건을 제시하며 우선 계약해줄 것을 요구한다.

좀 너무 나갔나 싶긴 하지만 책을 처음 쓰는 초보 작가라면 누구나 한번쯤은 이런 행복한 상상을 해봤을 것이다. 이 정도 상상의 나래를 펼쳐야만 지루한 집필의 시간들을 극복할 수 있다. 나 또한 집필 당시 이렇게 행복한 상상을 하곤 했었다. 하지만 어디까지나 상상일 뿐이지 현실에서는 일어나기 힘든 일이다. 물론 가능성이야 항상 열어두지만 과연 내가 책을 내면 모두가 사줄까?

책을 내본 경험자로서의 생각은 절대 그렇지 않다이다. 모두들 책을 쓰는 과정에서 이 책은 반드시 많은 관심을 받을 거라는 야릇한 상상을 하며 글을 쓴다. 사실 책을 쓰다 보면 이 정도의 근거 없는 자신감은 좋은 활력소가 되기도 한다. 하지만 책이 출간되면 상상이 아니라 현실이 된다. 그러면 현실의 냉혹함을 깨닫게 된다.

하지만 진정 글을 쓰는 사람이라면 이런 시류에 일희일비할 필요 없이 다시 심기일전해야 한다. 그게 진정 글 쓰는 사람의 자세가 아닐까 싶다.

"그동안 내가 살아온 세월을 책으로 쓰면 소설 한 권은 나온다."라는 말을 많이 들어봤을 것이다. 그만큼 사연 많고 질곡 한 삶을 살았다는 이야긴데 소설 한 권은 나오더라도 그건 그냥 본인의 이야기일 뿐이지 누가 돈을 내고 사줄 가능성은 제로에 가깝다. 물론 누구나 알 수 있을 만큼 인지도가 있는 사람이라면 이야기는 달라지겠지만 간혹 내가 책을 쓰기만 하면 모든 사람이 사줄 거라는 야무진 환상을 가진 사람이 있다.

남의 지갑 열기가 그렇게 쉬운 줄 아는가? 천만의 말씀이다. 조정래, 황석영, 김훈처럼 이름만으로 브랜드가 된다면 몰라도 처음 책을 낸 초보 작가는 아무도 알 리 없을 뿐만 아니라 눈길을 확 잡아끌 만큼 폭발력 있는 콘텐츠가 아니라면 팔기는 더 힘들어진다. 그렇다면 남의 지갑을 열기 위해서 초보 작가가 할 수 있는 것은 무엇일까?

광고밖엔 없다. 출판사와 계약할 당시 혹시 책이 나오면 광고할 수 있는 방법이 있느냐는 질문을 받았다. 요즘은 작가라고 해서 글만 쓰는 사람이 아니다. 책이 나오면 작가도 최선을 다해 책을 알려야 하고 판매해야 한다고 익히 알고 있었지만 이렇게 대놓고 물으니 마땅히 할 말이 없어서 "글쎄요. SNS랑 제가 운영하는 블로그 정도"하고 얼버무렸던 기억이 난다. 책은 작가의 열정과 고뇌, 경험과 정보가 고스란히 녹아 있는 또 다른 나의 모습이다. 책은 출간하는 것이 목적이 아니라 판매하는 것이 목적이 되어야 한다. 혹자는 판매는 출판사에서 전적으로 알아서 하고 작가는 일단 책을 출간했으면 목적을 이룬 것 아니냐고 볼멘소리를 하지만 요즘은 작가도 출간과 동시에 판매를 함께 고민하고 주변의 모든 지인들에게 알린다거나 다양한 매체에 최대한 노출시키는 역할을 스스로 해야 한다.

간혹 저자 특강을 들으러 가보면 본인의 책을 앞에 잔뜩 쌓아놓고 강연을 하는 작가들이 있다. 실제 현장에서 구매하면 시중가보다 싸게 책을 구매할 수도 있다. 남들은 작가가 저렇게까지 책을 팔아야 하나 생각할지 모르지만 내 생각은 아주 바람직한 판매방법이라 생각한다. "초록은 동색"이라고 책을 쓰니 그렇게 생각하는구나 싶겠지만 나는 책을 내기 훨씬 전부터 이런 판매방법은 상당히 좋다고 생각했었다. 책은 또 다른 나의 얼굴이고 명함이라고 했다. 그런 책 앞에서 저자로서 당당함이 참 좋아 보였다.

예컨대 음식점을 운영하는 사장님도 10년에 걸쳐 레시피를 개발한 제법 맛집이라는 소문이 퍼지면 우후죽순으로 비슷한 업소들이 난립하고,

그나마 친절도나 청결 면에서 한번 실수를 하면 소비자의 발길은 끊어져 버리고 만다. 그만큼 소비자는 냉정하고 남의 지갑을 열기는 더더욱 힘들다. 10년의 세월을 투자하고도 소비자의 기호를 따라잡지 못한다거나 조금만 느슨해지면 바로 경쟁자들의 위협을 받는다. 글을 쓰는 것도 마찬가지이다.

더 이상 새로울 것이 없는 세상에서 과감하게 직장을 때려치우고 세계여행을 한 이야기를 책으로 쓴다거나 대한민국의 맛집을 소개하는 책을 쓴다거나 직장의 비리를 밝히는 용감한 글을 쓰더라도 자기만의 콘텐츠가 없으면 그냥 세상 어디선가 떠도는 흔하디흔한 여행, 맛집, 직장생활 이야기일 뿐 독자들의 관심을 받지는 못한다. 하물며 나의 경험이나 아이디어 없이 몇 가지 자료만 수집해서 책을 낸다면 모래 위에 누각을 짓는 것과 마찬가지이다. 독자들의 눈높이는 점점 높아지고 있다. 무언가 새로운 콘텐츠에 목말라 있다. 친분을 내세워 책을 판매하는 것은 한계가 있다.

나 또한 책이 출간되고 광고가 시작되면서 책을 꼭 사서 읽어보겠다는 소리를 주위로부터 많이 들었다. 부동산경매라는 특정 분야임에도 이런 반응이라니? 내심 기분이 좋았다. 또한 네이버 경제M에 열흘간 연재 광고가 나갈 때도 많은 팔로워들이 책이 나오면 꼭 사서 읽어 보겠다고 했다.

사실 그들이 얼마만큼 내 책을 구입했는지 알 수 있는 방법은 없다. 하지만 지금도 그런 관심만은 고맙게 생각한다. 작가 입장에서는 단 한 권이라도 더 팔리기를 바라겠지만 그게 어디 마음같이 될까?

어차피 책을 쓴다는 것은 상업성을 염두에 두고 하는 행위이므로 가능하면 많은 판매가 이루어져야 한다. 그래야 작가나 출판사가 함께 웃을 수 있다. 세상에 나의 책이 나온다. 온라인과 오프라인 할 것 없이 나의 책이 검색되고 판매되어진다. 하지만 충분히 좋은 내용과 광고가 적절하게 매칭이 되어야 한다. 내가 책을 내면 누구나 나의 책을 사줄까? 진지하게 고민해야 할 부분이다.

Chapter 3

잠깐! 책 쓰기 전
이것만은 알고 가자

애피타이저 appetizer : 식욕을 돋우기 위해 식전에 먹는 음료나 요리. 이 파트에서는 글쓰기의 애피타이저를 소개합니다. 실질적인 책 쓰기에 들어가기 전 반드시 알고 넘어가야 할 몸 풀기 동작입니다. 본문 집필만큼이나 중요한 내용들입니다. 본격적인 집필에 들어가기 전 반드시 선행되어야 할 부분들과 미처 챙기지 못하고 흘려버리기 쉬운 부분들을 한번 언급함으로써 이것만은 알고 가자는 내용을 미리 이야기합니다. 두 번 강조해도 지나침이 없는 메모의 중요성, 몰입하기 좋은 작가의 공간, 사진과 함께 설명한 노트북의 작업환경, 그리고 효율적 시간 관리를 위한 나만의 마스터플랜과 절대 간과해서는 안 되는 체력의 문제까지 꼼꼼히 따져봤습니다. 책 쓰기는 이미 시작되었습니다.

애피타이저로 충분히 식욕을 자극하고 본격적인 식사를 맛있게 하시기 바랍니다. 책 쓰기의 애피타이저, 편안한 마음으로 즐겨보시기 바랍니다. 우리에겐 본문 집필이라는 멋진 요리가 기다리고 있으니까요. ▷

터져 나올 땐 녹음이라도 해두어라

기억을 믿는 순간 낭패를 당한다. 그 낭패로부터 벗어날 수 있는 방법은 즉시 수첩과 펜을 드는 수밖엔 없다. 글을 쓰는 공간이 꼭 내 책상 내 노트북일 필요는 없다. 본격적인 집필에 들어가면 24시간이 집필 시간이다. 어디서 무얼 하든, 누구를 만나든 항상 전투적인 자세로 "나는 지금 집필중이야."라는 긴장감을 갖고 생활해야 한다.

세상 모든 것들이 나의 글 속에 스며들 수 있는 중요한 소재가 될 수 있으므로, 길가에 핀 꽃 한 송이, 스치는 바람 한줌도 예사롭지 않다. 신문이나 TV를 보거나 하물며 카페에서 우연히 다른 사람의 이야기를 주워들어도 충분히 훌륭한 소재가 될 수 있다. 항상 오감을 열어놓아야 한다. 이런 면에서 작은 수첩과 펜 한 자루는 엄청난 무기가 된다. 메모는 바로 생각을 잡아놓는 유일한 방법이기 때문이다.

쓰거나 급하면 사진이라도 찍어놓아야 한다. 갑자기 떠오른 좋은 문장이나 기발한 생각은 얼른 녹음이라도 해두어라. 어느 순간 터져 나올지 모른다. 이럴 때는 어떤 형태가 되더라도 마구 챙겨 담아 놓아야 한다. 일단은 확보를 해야 한다. 운전할 때, 샤워할 때, 회의 중에 등등 방심하기 쉬운 순간에 갑자기 터져 나올 아이디어를 담을 만한 도구를 반드시 준비해두어야 한다. 예전에는 단순히 수첩에 적는 정도의 방법이었지만 요즘은 스마트폰이 워낙 기능이 뛰어나므로 의지만 있으면 어느 순간이건 캐치가 가능하다. 메모는 물론이고 녹음, 사진 및 동영상 촬영, 하물며 실시간으로 웹하드나 SNS에 바로 업데이트도 가능하다.

사전에 이러한 기능들을 확인해 놓고 반복하고 숙달하는 습관을 들여 놓는 것이 좋다. 순간적으로 스치는 아이디어들은 기발하지만 절대 머릿속에 오래 잡아둘 수가 없기 때문이다.

'이거 좋은데 오늘 저녁에 집필할 때 꼭 써야지.'라고 생각하는 순간 잡아 두지 않으면 바로 날아가 버린다. 몇 시간이 흘러 노트북을 열면 그런 아이디어가 있었는지조차 생각나지 않는다. 번뜩이는 아이디어란 말 그대로 번쩍하는 순간에 사라지고 만다. 작가라면 이런 부분을 안타까워해야 한다. 순간을 잡아두어야 한다. 한번 놓쳐버린 생각은 아무리 머리를 쥐어짜도 절대 생각이 나질 않는다. 메모의 중요성은 음식의 소금 간 같은 역할이다.

전반적인 음식의 맛을 좌우하지는 않더라도 절대 없으면 안 되는 아주 중요한 조미료이다. 메모의 중요성은 여러 곳에서 배울 수 있다. 다산

정약용 선생님은 둔한 붓이 총명한 머리를 이긴다는 의미의 "둔필승총 鈍筆勝聰"이란 말씀을 남기셨다. 아무리 서툰 글씨라도 기록하는 것이 기억하는 것보다 훨씬 낫다는 말이다.

또한 발명왕 에디슨은 3,400권의 메모 노트를 남겼을 정도로 메모광이었다. 아인슈타인도 만년필, 종이, 휴지통 이 세 가지만 있으면 어디든지 연구실이라고 할 정도로 메모의 중요성을 강조했다.

빌 게이츠 또한 메모광인데 컴퓨터가 아닌 종이에 메모를 한다는 것이 화제가 되기도 했다. 이렇게 메모는 동서고금 東西古今을 막론하고 아무리 강조해도 지나치지 않음을 알 수 있다. 특히 글을 쓰는 사람이라면 더더욱 그렇다. 남들과는 좀 다른 시각에서 사물을 관찰하고 그 내용을 잘 기록해놓으면 반드시 나중에 큰 재산이 될 것이다. 이런 순간이 많이 쌓여서 순간의 합을 이루어야 한다. 메모에 일정한 방식이 있는 것은 아니다. 관찰하고 생각하고 그때의 느낌을 기록해 놓는 것이다. 생각의 한계가 없듯이 정해진 시간이나 분량도 없다. 무엇보다 방식이 자유스러워야 한다.

빌 게이츠는 지면을 4분면으로 나누어서 각기 다른 생각을 적는다. 예를 들면 질문거리는 우측 하단에 적는다거나 하는 식이다. 중요한 부분은 나만의 표시를 해두어도 좋다. 별표나 동그라미를 한다거나 색깔을 달리하여 정리하여도 좋다.

기록한 메모는 다시 한 번 정리 과정을 거쳐 데이터화해 놓으면 지난 겨울 담가놓은 김장김치를 꺼내 먹듯 그때그때 유용하게 쓰일 수도 있다.

제목을 지을 때 이런 경우가 왕왕 있다. 출판사나 작가나 매한가지일 것이다. 책의 콘셉트에 맞는 후보군을 연습장에 빼곡히 써가면서 머리를 맞대고 회의를 한다. 아무리 고민에 고민을 거듭해도 이거다 싶은 것이 당최 나오질 않는다.

하지만 퇴근길 버스정류장에서 번쩍하고 갑자기 떠오르거나 친구와 마주한 술자리 혹은 샤워를 하다가 떠오를 때도 있다.

사람은 모든 면에서 합리적인 생각을 하려 한다. 그것은 우리에게 이성이나 감성처럼 딱 그만큼만 생각하게 하는 가이드라인이 있기 때문이다. 예를 들어 꽃이라는 사물에 대한 생각은 아름답다, 예쁘다, 향기롭다 정도일 것이다. 가장 합리적인 선에서 발휘되는 이성과 감성이 작동되기 때문이다. 물론 어린 시절부터 받아온 사물에 대한 고정적인 학습이 시각을 헤치기도 한다. 인간의 합리적인 생각과 학습효과로 얻은 고정관념을 잠시 내려놓았을 때 갑자기 스치듯 기발한 아이디어가 떠오를 때가 있다. 기발하다는 것은 그만큼 보편적이지 않다는 것이다. 항상 만날 수 있는 것이 아니다. 메모나 녹음, 촬영 등 어떤 방법을 동원하든 순간을 잡아서 나의 것으로 만들어야 한다.

기억을 믿는 순간 낭패를 당하게 된다. 하지만 메모는 순간을 영원으로 바꿔주는 놀라운 능력을 지녔다. 순간의 노력으로 영원히 남을 만한 나의 책을 집필해보자.

☑ 집필에 들어가면 오감을 열어놓고 유연한 사고를 지녀야 한다.

☑ 아이디어는 언제 어디서 어떤 형태로 터져 나올지 모른다.

☑ 스마트폰의 활용도를 높이자.

☑ 메모의 기술에는 왕도가 없다. 나만의 방식을 만들어보자.

☑ 메모, 녹음, 촬영 등 방법을 가리지 말고 아이디어를 잡아두자.

☑ 기억을 믿기보단 메모의 놀라운 능력을 경험해 보자.

작가의 공간이 필요하다

작가에게 글쓰기 공간이 주는 의미는 아주 크다. 작가의 공간은 상상력과 경험이 불처럼 일어나 타오르기도 하고 알 수 없는 학문의 깊이와 새로운 정보를 생산해 내는 산실이다.

작가의 무기인 노트북을 비롯한 다른 친숙한 도구들이 항상 그 자리를 굳건히 지키고 있으며 시간이 흐른 뒤엔 완성된 원고가 탄생할 성스러운 공간이자 가장 편안하고 긴장감 넘치는 장소가 바로 작가만의 공간이다. 회사나 교실처럼 딱히 정해진 공간이 있는 것은 아니다. 사람마다 스타일이 다르므로 각자 스타일에 맞추어 본인이 가장 안정적으로 집필할 수 있는 공간이면 그곳이 바로 작가의 공간이 된다. 누구나 학창시절 "왜 조용한 집을 놔두고 도서관을 가느냐?"는 엄마의 잔소리를 한번쯤은 들어보았을 것이다. 반드시 본인이 좋아하는 공간이 있기 마련이다.

설명하기 힘든 본인만의 분위기가 있으므로 시험공부가 되었건, 글쓰기가 되었건 가장 높은 생산성을 기록할 수 있다면 그곳이 본인에겐 최적의 장소다.

주변의 작가들 가운데도 매일 스타벅스 같은 카페로 출근하는 작가가 있는가 하면, 혼자 골방에 틀어박혀 고독하게 작업하는 작가도 있다. 어느 쪽이 더 효과적일까? 정답은 없다. 본인 스타일에 잘 맞으면 그 장소가 최고의 공간이 되는 것이다.

『우리의 소원은 전쟁』을 쓴 장강명 작가가 '배철수의 뮤직캠프'라는 라디오 프로그램에 출연한 적이 있다. 진행자가 작가에게 주로 글은 어디서 쓰냐는 질문에 "저는 거의 주방에서 씁니다."라고 대답했다. 라디오를 들으며 '이야 이분도 역시' 하고 격하게 공감했었던 기억이 있다. 의외로 주방이라는 공간은 참 편하고 좋다.

뭔지 모를 안락함이 있어서 더 그렇다. 무엇보다 먹고 마실 거리 등이 지근거리에 있고 가족들이 함께 밥을 먹는 공간이므로 가장 친숙하다. 그래서인지 식탁은 이유 없이 안정감을 준다.

나 또한 주방의 활용도가 굉장히 높은 사람 중의 하나다. 아예 메인 식탁 옆에 작은 테이블을 따로 두고 언제든지 커피를 편하게 내려 마실 수 있도록 준비를 해두었다. 평상시에는 독서의 공간이 되고 책 쓰기에 들어가면 주로 필요한 자료 수집과 정리, 전반적인 집필 일성이나 내략적인 목차 등 집필 전의 작업은 거의 주방에서 이루어진다. 노트북을 사용할 때도 있지만 연습장을 펴놓고 다양한 재질의 필기도구로 직접 써가며 작업하는 방식을 선호한다.

간혹 지난 달력의 뒷면을 이용하여 목차를 한 줄로 길게 써본다거나 낙서하듯 생각나는 대로 마구 떠오르는 아이디어를 적어보는 것도 도움이 된다. 책상과 달리 식탁은 평소 컵이나 냄비 받침 정도로 거의 아무것도 없으므로 넓게 펼치고 다양하게 늘어놓기엔 최적의 장소가 된다.

식탁 의자는 팔걸이가 없으므로 가끔씩 양반다리를 할 수도 있고, 반대편 의자까지 다리를 쭉 뻗어서 반 정도 기댄, 불량하지만 편안한 자세를 취할 수도 있다. 하지만 주방은 딱 여기까지이다. 좀 어지럽히고 자연스럽게 작업하는 공간이 주방이라면 책상은 엄격하고 철저한 공간이다.

본격적인 집필에 들어가면 책상에서 글을 쓰는데 공간을 엄격하게 규정하기 위하여 나 같은 경우는 노트북을 다른 모니터와 연결해 고정을 시켜버렸다. 효과적인 글쓰기를 위해 나름대로 고안해낸 노하우이다. 노트북의 가장 큰 특징인 이동의 편리성을 제한함으로써 바로 이곳, 이 노트북으로는 글만 쓰겠다는 공간에 대한 강제성을 갖기 위함이다. 이곳은 집중적으로 집필만 하는 장소로 단단히 규정지어버리자는 나만의 약속 같은 것이다.

감히 조정래 선생님의 책 제목을 오마주hommage한다면 이곳은 내가 정한 '황홀한 글감옥'인 셈이다.

요즘은 노트북 하나면 이 세상 어느 곳이든 작가의 공간이 될 수 있다. 날씨가 좋으면 공원의 벤치나 북카페 등도 훌륭한 집필 공간이 될 수 있다. 잠시 친구를 기다리는 시간이나 오랜 시간 즐기는 기차여행 중에도 얼마든지 글을 쓸 수 있다. 이렇게 다양한 장소에서 집필을 하다 보면 사고가 유연해져 생각지 못한 아이디어를 만날 수도 있고 분량에 대한 부담감에서 어느 정도 여유로워질 수도 있을 것이다. 이런 스타일도 있는가 하면 특정한 장소와 특정한 환경에서 집중적인 집필을 하는 나와 같은 스타일도 있다.

『독서자본』, 『책 쓰기의 정석』 등을 쓴 이상민 작가도 주로 카페에서 글을 쓰는 편이다. 그에게 왜 카페에서 글을 쓰냐고 물어보았다.

"도서관은 너무 분위기가 무겁습니다. 또 너무 조용합니다. 집중하기는 좋을지 몰라도 좀 답답하지요. 하지만 카페는 적당한 소음이 있어 좋습니다. 커피향도 좋고 뭐랄까? 느낌이 좀 신선합니다. 그래서 저는 카페에서 글 쓰는 것을 선호합니다."

동네의 작은 카페에서는 너무 오래 있으면 눈치가 보이긴 하지만 이젠 카페에서 책 읽고 글을 쓰는 것이 너무나 보편적인 일이라 어디를 가더라도 직원들이 크게 신경쓰지 않는다는 이야기까지 덧붙였다. 하긴 『해리포터』의 작가 조앤 K 롤링도 커피 한잔을 시켜놓고 하루 8시간씩 카페에서 글을 썼다는 일화가 있다.

반면 나는 단 한 번도 카페나 도서관에서 글을 써 본적이 없다. 물론 주위를 환기시킨다는 차원에서 언젠가는 카페나 도서관에서 글을 써보는 것도 좋은 경험이 되리란 생각은 한다. 하지만 아직은 집에서 글을 쓰는 것이 가장 편하고 좋다. 우선 복장부터 편안하고 보는 눈이 없으니 남을 의식할 필요도 없다. 그러다 보니 여유가 생긴다. 밤늦게 혹은 새벽 일찍 일어나 글을 쓰는 편인데 이 시간은 별로 신경 쓸 것 없이 자고 일어난 차림 그대로 물 한잔 마시고 깊은 몰입에 빠지기 좋다.

퇴근 이후의 시간도 간혹 거실에서는 TV 소리가 들리고 가족들의 걸어 다니는 소리가 들리지만 그것도 나름대로 나쁘진 않다. 어떠한 상황이든 지금 내가 앉아있는 이 공간에서는 글이 나온다는 믿음이 있기 때문이다. 바로 공간이 가진 힘이 아닐까 싶다. 작가의 공간은 철저하게 작가 본인이 만들어 가는 것이다.

에릭 메이젤의 『작가의 공간』을 보면 독창적인 공간을 만들어가는 작가에 대한 이야기가 나온다. 중국계 미국인 여류작가 에이미 탄은 샌프란시코에 있는 멋진 작업실의 창을 두꺼운 커튼으로 가려버린 사연을 이렇게 이야기한다.

"금문교와 해변이 내려다보이는 아름다운 작업실에서 딴생각을 하지 않을 자신이 없어서"라고 했다. 작가 엘리스 호프만은 새로운 책을 집필할 때마다 작업실 벽을 그 주제를 떠올리는 색으로 칠하고 내용을 연상시키는 물건들을 재배치했다고 한다. 이렇듯 작가의 공간은 작가가 글을 생산해내는 공장과 같은 곳이다. 양질의 글을 생산하기 위해서 가장 합리적인 나만의 공간을 만들기 위한 노력이 필요하다.

앞서 언급했듯이 요즘은 휴대성이 편리한 노트북으로 글을 쓰는 시대다. 그러므로 어디든 작가의 공간이 될 수 있다. 각자 자기 개성에 맞게 자기가 좋아하는 공간에서 글을 쓰는 것이 제일 안정적이고 좋은 글을 쓸 수 있을 것이다. 글을 쓰고 싶은 당신, 우선 공간부터 확보해보자.

루틴routine하라

"루틴routine의 사전적 의미는 "특정한 작업을 실행하기 위한 일련의 명령"이라고 한다. 보통 이 루틴은 운동선수들에게서 많이 볼 수 있는데 주어진 상황에서 최고의 실력을 발휘할 수 있는 정신적 신체적 준비단계이며 본인만 가진 고유한 동작이나 습관을 행하는 것이다. 호날두 선수가 프리킥 상황에서 성큼성큼 5야드 뒤로 물러나는 동작이라든가 삼성라이온스 박한이 선수의 특유한 루틴 동작은 유명하다.

작가들도 본격적인 집필에 들어가기에 앞서 일종의 루틴이 필요하다. 주변 작가 가운데는 잘 깎은 연필과 지우개, 새 연습장을 꼭 준비해야지만 비로소 집필에 들어가는 사람도 있다.

어차피 노트북으로 집필을 하는데 연습장은 뭐 하러 준비하나 싶었지만 이런 문구들을 준비하는 과정에서 이제부터 본격적인 집필에 들어간다는 것을 스스로에게 암시하게 된다고 한다.

나는 특별한 루틴이 있지는 않지만 본격적인 집필에 들어가기에 앞서 대체로 주변을 정리하는 편이다. 의미는 한가지다.

이제부터 집필에 들어가므로 한동안은 다른 것에 신경을 못 쓰거나 아예 신경을 쓰지 않을 생각이기 때문에 미리 손봐야 할 부분들이 있으면 가능한 선까지 정리를 해놓는다는 의미이다. 예컨대 커피그라인더를 완전히 분해해서 깨끗이 청소한다거나 책상 위의 물건들을 몽땅 내리고 책상을 깨끗이 닦은 후 물건들을 반듯하게 재배치한다. 화분들도 가지를 치거나 분갈이를 한다. 책상 주변 지저분했던 운동기구나 가방들도 제자리를 찾아 반듯하게 정리하고 책장의 책들도 순서대로 가지런하게 정리한다. 그리고 집필이 끝날 때까지 이런 것들에 대하여 아예 신경을 쓰지 않는다. 좀 유난스러울지 모르겠지만 이런 과정들을 거쳐야지만 비로소 집필에 들어가는 느낌이 생긴다.

입대를 앞둔 사람이 친척이나 주변의 지인들을 만나 마지막 인사를 하는 것과 비슷한 의미다. 며칠에 걸쳐 인사가 다 끝나야지만 이제 진짜 입대하는구나 하는 그런 느낌이랄까?

어찌 되었건 이런 사전 동작이 글 쓰는 사람에게 마음의 안정감을 가져다준다면 충분히 해볼 만하다. 글쓰기는 고독한 작업이다.

단 1%만 더 효과적인 방법이 있다면 그쪽으로 마음이 기운다. 나만의 공간에서 나만의 루틴을 만들어보면 어떨까?

☑ **작가에게 글쓰기 공간은 큰 의미를 가진다.**

☑ **주방 등 집안의 숨은 공간도 좋은 공간으로 변신할 수 있다.**

☑ **카페든 골방이든 작가의 공간은 내 스타일대로 결정한다.**

☑ **집필 전 나만의 루틴을 가져보자.**

노트북을 켜라

우리는 동시대를 살아가는 바쁜 현대인이다. 하지만 책 쓰기에 도전했고 드디어 작가의 공간도 마련이 되었다. 이젠 노트북을 열자. 자판을 두드리고 지면을 활자로 채워나가자. 본문 집필은 진득하게 견뎌내는 작업이다. 분량을 뽑아내야 한다.

글쓰기는 자리에 앉는 것부터 시작한다. 머릿속에는 오만가지 생각으로 복잡하지만 차분히 자리에 앉아 비로소 무에서 유를 창조하는 고뇌의 세계로 입장하는 것이다. 일단 자리에 앉았으면 반은 성공한 셈이다.

하지만 노트북을 켜는 순간 한글프로그램으로 직행하기까지 험난한 과정이 기다린다. 먼저 블로그나 이메일 등을 체크하고 자주 들리는 사이트와 카페에 입장하여 업데이트된 글과 회원들의 안부를 확인하고 출석체크를 한다.

이쯤에서 실시간 검색순위가 눈에 들어온다. 연예인이나 정치인의 이름을 클릭한다. 평소에는 별로 관심도 없었던 뉴스들이 너무나 새롭게 다가온다. 기사들을 하나둘 읽으며 자연스럽게 광고를 클릭한다. 순간 동네 맛집들이 우르르 쏟아진다.

오늘 저녁 한잔하기 좋은 맛집들을 검색한다. 사진을 한 장씩 보면서 블로그도 꼼꼼히 살펴보게 된다. 내친김에 개봉영화의 예고편도 보고 마침 책상에 놓을 온습도계가 있는 디지털 탁상시계를 고르느라 쇼핑몰 이곳저곳을 돌아다니기도 한다. 이렇게 긴 시간을 거쳐 드디어 한글프로그램을 연다. 하지만 이번엔 잡다한 생각들이 떠오른다. 지난주에 만났던 친구들과 술자리, 이번 주말에 해야 할 일들, 집안의 대소사, 하물며 몇 년 전에 다녀왔던 여행지가 뜬금없이 생각나기도 하고, 당장 내일 출근하면 처리해야 할 업무를 떠올리며 마음이 조급해지기도 한다. 이렇게 노트북을 켜고 첫 문장을 쓰기까지 예비 시간이 소요된다.

번뜩 정신을 차려보면 내가 지금 무얼 하고 있는 건가 싶을 때가 있다. 하지만 낭비한 시간에 대해 죄책감을 가질 필요는 없다.

일종의 글쓰기 전 워밍업이라 생각하면 된다. 하지만 너무 많은 시간을 허비하지 않도록 해야 한다. 오랜 시간 글을 써보면 차츰 틀이 잡혀가면서 워밍업에 걸리는 시간이 줄어드는 것을 느낄 것이다. 앞서 밝혔듯이 나는 본문 집필에 들어가면 이동이 힘들도록 노트북과 다른 모니터를 연결해서 사용한다.

작업공간에 대한 강제성을 갖기 위한 성격도 있지만 큰 모니터를 따로 연결하여 세로 화면으로 글을 써보면 여러 가지 장점이 있기 때문이다. 원고 한 페이지 전체가 한눈에 들어온다.

화면을 분할하여 자료나 목차, 인터넷 국어사전과 띄어쓰기 검사기 등을 동시에 띄워놓고 작업을 할 수가 있다. 창이 겹치지 않아 작업하기에 굉장히 편하다. 지극히 개인적인 생각이지만 글을 쓰기에는 가장 편리한 최상의 작업환경이 아닐까 생각한다. 다른 작가들의 작업방법은 잘은 모르겠지만 카페나 도서관 등으로 옮겨 다니며 글을 쓰는 것이 아니라면 이렇게 듀얼모니터를 사용하는 것을 적극적으로 권장하고 싶다. 물론 선 몇 개만 뽑으면 노트북을 자연스럽게 이동시킬 수도 있으므로 언제든지 유동성 있게도 사용할 수 있다. 키보드나 마우스도 무선기능이 있는 제품을 사용하면 선이 없으므로 여러 면에서 아무래도 조금은 편리하다. 아래 사진과 함께 좀 더 자세히 설명한다.

1 가장 메인이 되는 원고를 집필하는 창이다. 원고 전체가 한눈에 들어오므로 작업하기가 편하다. 폭 맞춤이나 쪽 맞춤 등으로 사이즈를 조절해 본인에게 맞추어 쓰면 된다.

2 국어사전이나 인터넷 등의 창을 열어놓고 순간순간 애매한 부분은 바로 찾아보고 확인한다. 가끔 인터넷을 이용하여 자료나 그 외 필요한 부분을 찾아본다.

3 목차를 비롯한 집필 시 집중적으로 참고할 만한 자료를 열어놓는 창이다.

4 대부분이 동영상이나 사진자료 등이며 그날 집필에 필요한 부분을 열어놓고 필요에 따라 바로바로 실행시키고 참고한다.

5 나름대로 만들어 본 집필 달력이다. 철저하게 본인만 알아보면 된다. 얼마나 썼고 얼마를 더 써야 할지 지금의 포지션을 정확히 알고 긴장감을 갖자는 의미이다. 집필뿐만 아니라 집안 대소사, 개인의 일정이나 근무 등을 함께 적어 놓으면 많은 도움이 된다.

6 LED 미니 라이트인데 야간이나 새벽 불이 다 꺼진 상태에서 글을 쓰는데 자판을 비춰주는 역할을 한다. USB포트에 연결해서 사용한다. 인터넷 쇼핑하다 싼 맛에 구입했는데 이렇게 많은 도움이 될지 몰랐다. 너무나 만족스러운 글쓰기의 동반자다.

『대통령의 글쓰기』 강원국 작가는 "우리들의 인생학교"라는 TV프로그램에 출연해 글을 쓸 때는 항상 인터넷포털의 사전 기능을 열어두라고 했다. 그리고 단어를 사용함에 있어 우선 입력해보고 유의어를 확인하는 버릇을 들이면 좋다고 했다. 내 생각도 마찬가지다. 반드시 사전을 열어 놓고 그때그때 단어를 입력해 봄으로써 훨씬 매끄러운 문장을 구사할 수 있으며 선택의 폭도 넓어진다는 것을 알았다.

글 쓰는 사람에게 노트북은 소중한 도구다. 그러므로 컴퓨터의 상태를 최적화해 두어야 한다. 필요 없는 프로그램을 포맷하거나 바이러스 체크 등을 미리해서 혹시 발생할지 모를 문제에 대비해 놓아야 한다. 또한 단 한 줄을 쓰더라도 그날 마무리한 부분까지는 백업backup을 반드시 해놓아야 한다.

백업은 반드시 별도의 USB를 사용하여야 한다. 노트북에 있는 다른 드라이버에 별도의 폴더를 만들어 백업을 하는 것은 아무런 의미가 없다. 백업이란 오늘 컴퓨터를 분실해도 어제 쓴 글까지는 내 수중에 있어야 그게 바로 백업이다. 가수 박진영은 자신의 에세이에서 백업의 중요성에 대해 언급한 바 있다.

미국에서 음반 녹음을 마치면 나는 반드시 3개의 마스터 테이프를 만든다. 내가 탄 비행기가 사고가 날지도 모르니 일단 미국 친구에게 하나 맡겨 두고, 다음은 짐칸에 하나 넣고, 마지막으로 짐이 분실될 때를 대비해 내 몸에 하나를 지닌다. 하나를 더 만드는 데 꽤 많은 돈과 시간이 들지만, 반년을 고생해서 만든 음반을 만의 하나라도 잃어버려 다 날리는 것에 비하면 조금도 귀찮거나 아깝지 않다. 〈중략〉 이런 증상이 너무 심하면 안 좋겠지만 어떤 실수도 용납할 수 없을 정도로 중요한 일을 할 때는 1퍼센트의 가능성에 대비하는 치밀함을 보여야 한다. 그게 귀찮다면 그 1퍼센트

박진영 저 『미안해』 中

우리가 쓰는 책이나 자료 등은 대부분이 hwp파일이거나 jpg파일이므로 용량이 그리 크지 않다. 절대 소 잃고 외양간 고치는 우를 범하는 일은 없어야 한다.

참고로 나는 부동산경매를 하면서 현장 조사했던 내용들과 각 지역 아파트 시세와 개발 계획 등을 수집한 자료들을 디도스 공격으로 몽땅 날려버린 적이 있다. 너무나 안타까웠다. 그 이후로 인터넷이 연결되어 있는 컴퓨터는 반만 내 것이라고 생각한다.

노트북을 켜고 작업환경을 만들어라. 조용히 자리에 앉아 타이핑typing 을 시작하자. 드디어 책 쓰기가 시작되었다.

☑ 글쓰기는 자리에 앉는 것부터 시작한다.

☑ 노트북을 켜고 첫 문장을 쓰기까지 예비 시간이 필요하다.

☑ 본인의 스타일에 맞는 작업환경을 만들자.

☑ 바이러스를 체크하고 필요 없는 파일은 포맷을 해두자.

☑ 반드시 백업backup하라.

마냥 청춘인 줄 아는가?

"술이 제일 안 좋습니다."

"고기도 안 좋고요. 소고기·돼지고기·닭고기는 물론이고요. 특히 순대나 곱창 같은 간장류肝腸類가 제일 안 좋습니다. 생선도 정어리나 고등어 같이 등 푸른 생선은 안 좋습니다."

통풍이라는 판정을 받고 의사가 맨 처음 내게 해준 말이다. 막막했다. 마음대로 먹지 못하는 음식에 대한 갈증보다도 왜 내게 이런 일이 생겼을까하는 자괴감에 너무나 마음이 우울했다. 몸에서는 계속 신호를 보내고 있었지만 그 신호를 무시하고 마음대로 생활한 것이 화근이 되었던 것 같다.

매년 받아보는 건강검진 결과에 요산 수치가 높으니 조절이 필요하다는 주의사항을 그냥 흘려보낸 결과다.

몸보다 마음이 더 아팠다. 멘탈이 무너진다는 게 바로 이런 거구나.

마음이 너무 아려왔다. 그 좋던 봄날에 하루하루 우울한 시간을 보내고 있었다. 그렇게 좋아하던 캠핑도 낚시도 모두 시큰둥해지고 영혼없는 출근과 퇴근을 반복했던 것 같다.

하지만 하나를 잃으면 하나를 얻는다고 했던가? 술과 고기를 의도적으로 멀리하다 보니 체중도 줄고 매일 아침 상쾌하게 일어나 몸 상태도 많이 가벼워진 것 같았다.

무병조사無病早死, 일병장수一病長壽란 말이 딱 맞는구나. 병 하나를 얻어야 비로소 그만큼 관리를 하므로 건강을 더 지킬 수 있고. 오히려 병이 있어도 장수한다는 말이 딱 맞는 것 같았다. 컴컴한 긴 터널을 빠져 나와 환한 빛과 마주한 느낌이었다. 나는 그동안 즐겼던 달달한 믹스커피는 완전히 끊었고. 밀가루 음식이나 술, 고기 등도 많이 줄였으며 가급적 더 줄이려 노력하고 있다. 인풋이 건강하고 정직해야 그에 비례하여 정직하고 건강한 아웃풋이 나온다는 사실을 절실히 깨달았다.

마냥 청춘이 아니다. 마음은 늘 스무 살이지만 불룩해진 뱃살과 침침해지는 눈은 정말 세월 앞에 장사 없음을 느낀다. 건강은 건강할 때 지켜야 한다. 여기저기서 신호를 보내기 전에 관리를 철저히 해야 한다. 내가 책을 쓰겠다고 했을 때 선배 작가들은 책 쓰기는 막노동과 마찬가지다, 체력을 길러야 한다고 충고해주었다.

체력이 뒷받침되지 않으면 끝까지 가기 힘드니 운동을 꾸준히 하라고 했다. 동네나 한 바퀴 도는 정도의 산책이 아니라 땀을 뺄 수 있는 정확한 운동을 하라고 했다. 책 쓰기와 체력의 상관관계가 썩 이해가 되지 않았다.

"그래 봐야 책상에 앉아 자판만 두드릴 텐데 힘들어 봐야 얼마나 힘들겠어."

요렇게 한 치 앞도 내다보지 못한 생각은 얼마 가지 않아 체력의 한계를 느끼게 되었다. 책 한 권을 쓴다는 것이 이렇게 많은 에너지를 필요로 하는지 미처 몰랐다. 본격적인 집필에 들어가면 평상시에 비해 앉아 있는 시간이 길어진다. 더구나 음식을 섭취한 후 오랜 시간을 앉아 모니터만 바라보면 소화도 힘들고 어깨나 허리 등에도 서서히 피로가 쌓여온다. 중간중간 스트레칭 등으로 근육의 수축과 이완을 시켜주어야 한다. 정말 책 쓰기는 육체노동이다. 자판을 치는 손가락이 뻣뻣해질 때면 충혈된 눈도 아파온다.

무엇보다 잠을 줄이고 집필하다 보니 어느 시점에는 머리가 흐리멍덩해진다. 많은 사람들은 책 쓰기를 마라톤에 비유한다. 그렇다. 책을 쓴다는 것은 긴 시간 일정한 페이스를 유지할 수 있어야 한다. 충분한 휴식과 수면을 취해야 한다. 반드시 운동도 병행해야 한다. 쉴 것 나 쉬고 질 것 다 자고 거기다 운동까지 해야 한다.

그러면 언제 책을 쓰나 생각할지 모르지만 이런 부분까지 책 쓰기의 일부로 생각해야 한다. 글을 쓰는 사람의 컨디션이 좋아야 좋은 글이 나온다. 우리는 책을 쓰기 위해 주제를 정하고, 자료를 수집하고, 목차를 짜는 등 큰 것에만 집중하므로 작은 것은 놓치고 만다. 하지만 작은 누수에 결국에 큰 댐이 무너지는 것이다.

예를 들어 수영을 배울 때 먼저 수영모 쓰는 법이나 물안경 제대로 착용하는 법은 큰 관심을 두지 않는다. 다이빙 자세와 영법에만 관심이 집중된다. 내가 얼마나 오래 잠수를 하고 얼마나 먼 거리를 갈 수 있을지가 관심사이지 수영모나 물안경의 착용법은 안중에도 없다. 하지만 수영모를 제대로 쓰지 않으면 머리카락이 흘러내려 물안경 착용 시 물리게 된다. 그러면 그 작은 틈으로 물이 새어 들어올 수 있다. 결국에 수영이라는 큰 본질을 사소한 실수로 그르치게 되는 경우가 된다. 거인을 쓰러뜨리는 것은 큰 산이 아니라 작은 돌부리라고 했다. 책을 쓰는데 운동이 뭐가 중요하냐고? 천만의 말씀, 몸의 상태에 따라 글의 질이 완전히 달라진다.

또 몸 상태가 좋지 않으면 글의 질을 논하기 앞서 글을 쓰기조차 힘들어지는 상황이 온다. 주제를 정하고 목차를 짜는 것만큼이나 체력을 유지하는 것도 충분히 중요하다는 것을 인식해야 한다.

☑ **몸에서 보내는 미세한 신호를 무시하지 말자.**

☑ **책 쓰기는 반드시 체력이 뒷받침되어야 한다.**

☑ **몸이 건강해야 글도 건강하다.**

나만의 마스터플랜master plan을 세우자

본문 집필은 지루하고 고단한 작업이다. 언제 끝날지 모를 사막을 걸어가는 것과 같다. 하지만 저 끝에는 오아시스가 있다. 그러므로 좀 더 효과적인 집필을 위해서 나만의 기본계획이 필요하다. 본문 집필은 좀 고달프긴 해도 타이트하게 밀어붙여서 가장 단시간 내에 끝을 보아야 한다. 헤밍웨이는 "초고는 걸레다."라고 했다. 그의 대표적인 소설 『노인과 바다』도 수백 번이나 고쳤다. 맞다. 걸레같이 너덜너덜하더라도 우선은 분량을 뽑아내야 한다. 맞춤법이나 첨삭 등은 나중 문제고 내가 쓰고자 하는 콘텐츠에 대하여 300페이지 가까운 분량을 뽑아내야 한다.

일반적으로 책 한 권을 출간하려면 전반적인 아웃라인outline이 필요하다. 무엇을 쓸 것인가에 대한 기획, 자료 수집, 목차 구성, 본문 집필, 출간기획서 작성, 원고 투고, 계약 등의 사이클이다.

이러한 요소들을 적절히 배분하여 반드시 집필계획을 세워야 한다. 계획 없이 무조건 열심히만 한다고 절대 책이 만들어지는 것은 아니다.

결국엔 지쳐버린다.

사람의 얼굴을 그리려면 얼굴의 형태를 먼저 잡고 눈, 코, 입, 귀의 위치를 대략적으로 배치를 하고 점점 디테일하게 그려나가야 한다. 처음부터 눈이나 코 등 한 부분에만 정밀묘사하듯 집중하여 그린다면 나중에는 전반적으로 균형이 맞지 않은 이상한 얼굴이 나온다. 그러므로 전체를 볼 줄 알아야 한다. 특히 적절한 시간 배분으로 기획에서 출간 시기까지 대략적이나마 큰 그림을 그려야 한다. 철저한 계획만이 이런 그림에 도움이 된다. 열심히만 한다고 절대 책이 써지지 않는다. 나만의 마스터플랜을 수립해야 한다.

시작과 끝이 선명해야 한다

나는 집필에 들어가면 기획에서 계약까지 전반적으로 계획을 세운다. 대략적인 계획이 아니라 가능하면 지킬 수 있는 세부적인 계획을 세운다. 물론 계약은 출판사의 의지겠지만 최소한 투고하는 시점까지는 정해놓고 시작을 한다. 반드시 그래야 한다.

끝이 보이는 싸움을 해야 지치지 않는다. 명확한 경계가 정해져 있지 않으면 내가 지금 어디에 있는지, 무얼 하는지, 열심히 한다고는 하는데 막상 돌아보면 반듯하게 해놓은 것이 하나도 없다. 허전해지는 순간이다.

매주 쉬지 않고 도서관을 찾았건만 그냥 가방만 들고 왔다 갔다 한

꼴이 되어버린다.

"내가 성공하면 나중에 크게 도와줄게." 이 말은 너무나 추상적이다. 성공이란 것에 대한 경계가 모호하기 때문이다. 이 사람이 5년 뒤 벤츠를 타고 나타났다. 그리고 운영하는 사업체가 많은 수익을 올리고 있다고 치자. 성공했다고 볼 수 있을까? 정작 본인이 아직은 멀었어, 지금 더 큰 프로젝트를 준비하고 있으니 조금만 더 기다려 달라고 한다면 할 말이 없다. 성공이라는 추상적 상황은 보는 사람에 따라 다르므로 경계가 모호하다.

반면 "내가 저 산의 정상까지만 오르면 기념으로 저녁을 살게"라고 한다면 가장 명확한 이야기가 된다. 정상이라는 확실한 기준이 있으므로 오늘 저녁밥의 여부가 정확하게 가늠이 되기 때문이다. 책을 쓴다는 것은 이렇게 경계가 선명해야 한다. 열심히 하고 있으니 올가을쯤이면 끝날 것 같다거나, 이제 두세 달 정도면 마무리가 된다거나 이렇게 마감 시점이 희미하면 정작 글 쓰는 자신만 피곤하고 성과는 성과대로 얻기가 힘들어진다. 시작과 끝이 명확해야 한다. 즉 "내가 성공하면 도와줄게"가 아니라 "저 산의 정상에 오르면 기념으로 저녁을 살게"가 되어야 한다는 얘기다.

책 쓰기는 지금 내가 열심히 하고 있으니 반드시 좋은 책이 나오겠지 같은 구체성 없는 추상_{抽象}이 통하지 않는다.

아무리 걸레 같은 초고가 나오더라도 정해진 날짜에는 무조건 끝낸다는 각오로 덤벼야 한다. 그래야 마감이 되고 그 분량 안에서 첨삭이나 퇴고의 작업이 이루어진다.

유명 작가들은 출판사로부터 주제를 의뢰받아 언제까지 마감하겠다는 내용의 계약을 하고 글을 쓰는 경우도 있다. 이렇게 자의가 아니라 타의에 의해 쓸 수밖에 없는 극한의 상황을 만들어 집필을 완료하기도 한다. 물론 일부 유명 작가들의 이야기이다. 하지만 첫 책을 쓰는 초보 작가라 할지라도 나름의 마감일을 확실하게 정하고 그 일정에 맞추어 역산을 하면서 글을 써 보면 많은 도움이 된다. 본인의 의지가 강해 잘 지킬 수만 있다면 가장 확실한 방법이다. 달력에 붉은 매직으로 투고 날짜를 미리 정해 놓고 그날로부터 역으로 산출해 보면 지금 내가 무엇을 해야 할지가 나오는 방식이다.

이민규 교수가 쓴 『실행이 답이다』에 보면 역산 스케줄링에 대한 이야기 나온다. 참고하면 많은 도움이 될 것이다. 언제 끝날지 모르는 싸움은 모두를 지치게 한다. 끝이 보이는 싸움을 해야 한다. 경계가 모호하면 아무리 열심히 해도 사람만 지칠 뿐 진도가 나가지 않는다.

집필 달력을 만들자

나는 본격적인 집필에 들어가면 마감일이 명확히 기재된 집필용 달력을 만들어 그날그날 집필 내용을 간단하게 체크해 나가면서 앞으로의 페이스를 조절한다. 집필 달력이라고 해서 거창한 것이 아니라 개인의 다이어리나 탁상용 달력 등에 기록하기도 하고 A4 용지에 편하게 칸을 그려 사용하기도 한다.

가장 중요한 것은 나만 알아보면 된다. 앞서 노트북 설명 사진에서도 보았듯이 나는 A4 용지에 나름의 칸을 그려 사용하고 있다. 책상에 앉으면 어제 얼마나 작업했는지 확인하고 책상에서 일어날 때 내일 얼마나 작업할지 기록하면 된다.

억지로라도 마감일을 정해놓는 것이 좋다. 대략적으로 "올가을 즈음 그러니까 9~11월 정도에 끝낼 거야"라고 정해놓은 마감일은 스스로를 나태에 빠지게 하고 집필 자체가 느슨해진다. 앞서 언급했듯이 본문 집필은 빠른 시간 안에 타이트하게 빨리 끝내야 한다. 그러므로 "9월 20일까지 원고를 마감하고 최소한 11월 10일까지는 퇴고를 마치고 11월 15일까지는 투고를 하겠다."는 식으로 구체적인 마감일을 정해 놓아야 한다. 이렇게 구체적으로 정해놓은 마감일이 없으면 자꾸 미루게 된다. 미루면 쌓이게 되고 쌓이면 하기가 싫어진다. 중요한 약속이나 술자리가 생겨 하루 이틀 정도 글을 못 쓰게 되는 경우도 있다. 이렇게 되면 감각이 떨어져 버린다. 집필에 들어가면 계속 그 분위기를 유지하는 것이 좋다. 또 본문 내용에 대한 생각이 24시간 머릿속에 있어야 한다.

집필 달력은 바로 이런 상황에서 다시 한 번 긴장감을 갖게 해주는 훌륭한 장치다. 흘려보낸 시간만큼 써야 할 분량이 쌓이는 것을 직접 눈으로 보게 된다. 모르고 지나가는 것보다 훨씬 더 긴장하게 된다. 글을 쓴다는 것이 공장에서 제품을 찍어내는 것이 아니므로 정해진 시간에 정해진 분량만큼의 글을 쓸 수 있다는 논리는 맞지 않다. 하지만 집필 달력을 만들어놓고 계속적으로 체크를 해 나감으로써 나의 정확한 포지션을 알 수 있다.

날짜에 비해 분량이 조금 모자란다거나 아니면 하루 이틀 정도 오버해서 더 썼다거나 하면 포지션에 따라 좀 더 밀어붙이거나, 하루 정도는 여유 있는 집필 시간을 챙길 수 있다. 나는 전작을 쓸 때 이 방법으로 약 일주일 정도 일찍 원고를 끝낼 수 있었다.

집필 달력을 노트북 근처에 두고 그날 집필을 마무리하기 전 1분만 생각하고, 계획하고, 기록하면 된다.

보통 집필 기간을 2개월에서 아무리 늦어도 6개월 안으로는 원고를 마무리해야 한다고 하는데 "6개월을 넘기면 안 된다"는 것에는 동의를 하긴 하지만 딱히 몇 개월의 기간을 정하는 것은 무리가 있다. 글을 쓰는 사람의 역량과 처한 상황에 따라 쓰면 된다.

너무 기간을 타이트하게 잡아놓아 스트레스를 받을 필요는 없다. 전업 작가와 직장인이 같을 수는 없는 것이다. 나는 보통 밤 10시에 퇴근해 집필을 했는데 전작은 집필에만 4개월이 걸렸다. 그나마도 주말을 오롯이 글쓰기에 투자했기 때문인 것 같다.

일상이 글쓰기다

이처럼 자기가 처한 상황에 따라 집필하면 된다. 하지만 절대 글을 오랫동안 멈추었다 쓰는 것은 바람직하지 않다. 커피를 마시는 것처럼 자연스런 일상이 되어야 한다. 가능하면 조금씩이라도 매일 쓰는 것이 좋다. 정말 어쩔 수 없는 상황이라도 3~4일 정도를 건너뛰게 되면 감이 떨어져 버린다. 일상생활을 하면서도 계속 집필이라는 감정선은 무너지지 말아야 한다. 흐름을 타는 것이 매우 중요하다. 한순간 뚝 하고 끊겨버리면 이어서 글쓰기가 곤란해진다.

신나게 여름휴가를 다녀와 일주일 만에 업무에 복귀하는 것과 비슷하다. 업무가 낯설고 손에 잡힐 리가 없다. 그러므로 단 몇 줄을 쓰더라도 일상처럼 자연스러워야 한다.

"이혼서류를 내던 날도 사전을 뒤적거렸고, 이삿짐 옆에서도 노트북을 또닥거려야 했다."

『번역은 내 운명』의 공동저자 번역가 권남희는 그의 책에서 이같이 밝혔다. 물론 번역가로서의 삶을 이야기한 부분이지만 글쓰기 역시 이와 같이 감이 흩어지지 않게 가능하면 집필을 이어나가야 한다. 어떤 형태라도 집필에 대한 생각이 끊어지지 않아야 한다.

그러므로 집필에 들어가기 전 나름의 원칙이 있어야 한다. 나는 어떤 일이 있어도 매일 글을 쓰겠다는 결연한 각오가 있어야 한다.

나의 일상이 온통 집필에 가장 우선적으로 초점이 맞추어져 있어야 한다. 그러므로 친구, 모임, 취미생활 등은 자연스럽게 뒤로 밀리게 된다.

하고 싶은 것을 다해가며 내가 원하는 것을 얻을 수는 없는 법이다. 이렇게 우리는 집필에 들어가면 열심 모드와 계속 모드를 가동시켜야 한다.

『책을 내고 싶은 사람들의 교과서』의 저자 요시다 히로시는 그의 책에서 글쓰기에 가장 적합한 시간에 대해 이렇게 언급했다.

"새벽 3시부터 6시까지가 책 쓰기에 가장 적합한 시간입니다. 이 시간을 적극 활용해 보세요. 제가 새벽을 강조하는 이유는 집중하기 가장 좋은 시간이기 때문입니다. 새벽 3시는 초목草木도 깊이 잠든 시간입니다. 한밤중이지요. 이때 사람의 집중력은 최고조에 달합니다. 저는 이 시간을 책 쓰기를 위한 황금 시간대라고 말합니다."

가장 보편적으로 봤을 때 인간이 집중할 수 있는 시간과 글쓰기가 업인 전업 작가들을 염두에 두고 쓴 글이 아닐까 싶다. 실제로 이 글을 읽고 나 또한 새벽 3시에 일어나 글을 썼다. 깊이 몰입하여 글을 쓸 수 있는 시간이었다. 하지만 정해진 시간에 규칙적으로 움직여야 하는 직장인에게는 그다지 권장할 만한 방법은 아니었다.

나는 다시 본연의 자세로 돌아와 나의 스타일대로 글을 썼다.

특히 직장인이라면 일단은 물리적으로 많은 시간을 확보하는 것이 제일 관건이고 언제 어디서나 틈만 나면 쓰는 것이 좋다. 아니면 간단한 메모라도 좋다. 절대 뒤돌아보지 말고 탄력 받으면 그대로 계속 밀어붙여야 한다. 일단은 많이 쓰고 봐야 한다. 그러기 위해서는 우선 잘 쓰려는 마음을 없애야 한다. 잘 쓰려고 하는 순간 진도進度는 거기서 멈춘다. 그리고 숙성시켜야 한다. 몰아치듯 써놓고 무르익도록 숙성을 시킨 뒤에 꺼내 읽어보라.

더 많이 보이고 잘 보일 것이다. 바로 쓰고, 바로 읽고, 바로 고치는 것은 절대 바람직한 것이 아니다. 그 자리만 뱅뱅 도는 꼴이다. 나중에 다시 읽어보면 결국에는 또 다시 고치고 또 고친다.

글을 쓴다는 것이 생산라인에서 제품을 찍어내는 것도 아닌데, 단지 시간이 확보된다고 마구 쏟아져 나올까? 절대 그렇지 않다. 안 써질 때는 차라리 그냥 자자. 쉬는 편이 훨씬 더 나을 수도 있다.

정신력도 체력에서 나온다. 몸 상태가 가볍고 편안해야지만 생각도 맑아지고 몰입도 잘되는 법이다.

마음의 여유는 집필에 많은 도움이 된다. 별로 의식해야 할 대상이 없고 물리적 제약에서 자유로울 때가 글을 쓰는 사람에게는 바로 여유로운 상황이라 할 수 있겠다. 최소한 내가 속한 공간에서 제약 없이 시간을 마음대로 활용할 수 있다는 것은 단 며칠이 되더라도 꼭 경험해 보시길 권한다.

짧은 나의 경험이지만 3일간의 일화를 소개해본다.

주말과 함께 긴 연휴가 시작된 어느 날 아내와 아이들이 3일간 처가에 간 적이 있었다. 나는 당직 근무 등 개인적인 사정으로 인해 부득이하게 혼자 집에 남게 되었다. 보통 이런 시간은 편하게 술을 마시거나, 잔

소리꾼(?) 없이 진탕 TV를 보거나, 오랜만에 여유를 찾을 수 있는 시간
이다. 하지만 아쉽게도 집필에 들어가 있는 상황이었으므로 이런 시간도
오롯이 집필에 쏟아부어야 한다. 아내와 아이들 없이 완벽하게 물리적
시간이 확보된 셈이다.

보통 집에서 글을 쓰면 아무래도 가족들을 배려할 수밖에 없다. 깊은
밤 시간에 음악을 틀어놓는다거나 시끄럽게 돌아다닐 수도 없고 커피를
마시기 위해 달그락거리는 소리도 신경이 쓰인다. 이렇게 여러 가지 행동
에 제약을 많이 받는다. 하지만 혼자 집에 있으니 이런 제약이 완전히 사
라졌다. 마음이 홀가분했다. 무엇보다 자고 일어나는 시간이 자유로웠다.
새벽 3시에 일어나 마음대로 큰 소리로 말할 수 있고 집안 곳곳에 불을
켤 수도 있었다. 음악을 들을 수도 있었다. 사실 밤이 깊으면 탁 탁 탁
자판치는 소리도 굉장히 크게 들린다. 정해진 시간에 먹을 필요도 없고,
그냥 소파에 한참 누워 있거나, TV채널을 이리저리 돌려보거나, 글을 쓰
면서 아무것도 신경 쓰지 않아도 됐다. 최소한 그 기간 집안에서만큼은
정신적, 물리적 시간을 충분히 지배하고 있었다. 특별히 시간의 개념 없
이 써지면 쓰고, 안 써지면 그냥 잤다. 몇 시든 눈이 떠지면 쓰고, 그러다
졸리면 바로 또 잤다.

배가 고프면 먹었고, 아이디어가 떠오르지 않으면 내가 좋아하는 루
어낚시 동영상을 찾아보았다. 분량을 뽑아야 한다는 강박으로 스스로를
내몰지 않았다. 안 써질 때에는 어떤 형태로든 쉬었다. 쉬는 것도 본인의
패턴에 맞추면 된다. 잠을 자거나 산책을 하거나 TV를 보거나 내가 가장

좋아하는 형태로 쉬는 것이 좋다. 육체가 편안해야 정신도 맑아진다. 글을 쓰는 시간은 우리가 활용하기 나름이다. 정해진 시간에 정해진 분량을 뽑으란 법은 없다. 안 써지는 10시간을 잡고 있느니 5시간을 쉬고 5시간을 몰입하는 편이 훨씬 효율적이다. 참고로 아내와 아이들이 처가에 간 3일간 가장 많은 분량의 글을 썼다. 나는 이 기간을 "다큐 3일"이라고 불렀다. 언제가 될지 모르지만 다시 "다큐 3일"을 찍는 날을 기대해본다. 앞서 우리는 터져 나올 때는 녹음이라도 해두어야 할 메모의 중요성, 꼭 필요한 작가의 공간, 노트북의 원활한 사용법과 한글 프로그램에 접근하기까지의 과정, 그리고 무엇보다 중요한 건강에 대해 충분히 읽고 숙지하였으리라 생각한다.

이제부터 본격적인 책 쓰기가 시작된다. 더 흥미진진한 책 쓰기의 세계로 빠져보기 바란다.

☑ 본문 집필은 단시간에 끝을 내는 것이 좋다. 몰아치듯 써야 한다.

☑ 집필계획을 세워야 한다. 끝을 모르는 싸움은 결국엔 지쳐버린다.

☑ 첫 책을 쓰는 초보 작가라 할지라도 마감일을 확실하게 정해라.

☑ 집필용 달력을 만들면 긴장감이 생긴다.

☑ 집필은 미루면 쌓이고 쌓이면 하기가 싫어진다.

☑ 어떤 일이 있어도 매일 쓰겠다는 결연한 각오가 있어야 한다.

☑ 오랫동안 띄었다 쓰면 안 된다. 조금씩이라도 매일 써라.

☑ 집필에 들어가면 기획에서 계약까지 큰 그림을 그려야 한다.

☑ 안 써질 때는 과감히 쉬어라. 육체가 편해야 정신이 맑아진다.

☑ 정해진 시간이란 없다. 나에게 잘 맞으면 최적의 시간이다.

Chapter 4

길어도 6개월
눈 딱 감고 미쳐보자

이 파트에서는 드디어 기술 들어갑니다. 실질적인 책 쓰기의 어마어마한 How to를 공개합니다. 기획, 집필, 투고, 계약까지 이루어지는 책 쓰기의 한 사이클이 비로소 이 파트에서 자세하게 나옵니다.

지금 서점에 서서 이 책을 읽고 있다면 Chapter 4라도 다 읽고 가시길 바랍니다. 도대체 무얼 쓰지? 이런 것이 이야기가 될까? 내 책을 누가 사줄까? 집필은 어떻게 하지? 막상 투고는 어떻게 할까? 덜컥 출판사에서 계약하자고 하면 어떡하지?

책 쓰기에 앞서 가장 많이 궁금하고, 모르는 부분들을 솔직하게 말하는 파트입니다. 나의 무엇이 소재가 되고 그 소재를 어떻게 책으로 만들어내는지, 이런 나의 이야기를 남들이 돈을 내고 사줄지, 진지하게 고민하였습니다. 진심으로 책 쓰기의 세계로 풍덩 빠질 수 있는 매력이 있는 파트입니다. 장어는 꼬리를 먹어야 한 마리를 다 먹었다는 말이 있지요. 이 책은 이 파트를 읽어야 비로소 다 읽었다 할 수 있을 겁니다. 실전 책 쓰기로 빠져 봅시다. ▷

어깨 힘 빼고 시작합시다

책을 쓴다고 하면 무언가 대단한 일을 하는 것으로 생각하는 사람들이 있다. 물론 책 한 권을 집필한다는 것이 그리 간단한 일은 아니지만 간혹 처음 책을 쓰는 초보 작가들의 경우 사명감에 사로잡혀 무언가 대단한 일을 하는 것으로 생각하는 경향이 있는데, 나는 일단 어깨 힘을 좀 빼고 시작하라고 말하고 싶다.

바람이 부는 대로 물이 흐르는 대로 그렇게 자연스럽게 흘러가면 된다. 생각은 차갑고 엄격하되 글을 쓰는 자세는 깃털만큼 가벼워야 한다. 너무 경직되어 있으면 오히려 일을 그르치기 쉽다. 차분한 마음으로 숲 속을 산책하듯 가볍게 쓰면 된다. 시원한 공기가 가슴을 파고들고 있고, 새소리는 귀를 즐겁게 한다. 나무에서 내뿜는 피톤치드는 무거웠던 머리를 맑게 정화시켜준다. 별로 거칠 것 없이 발걸음이 가볍다. 바로 이런 느낌으로 글을 쓰면 된다.

Chapter 4에서는 어떻게 글을 쓰고 어떻게 책이 만들어지는지 최선을 다하여 설명하고자 한다. 추상적인 관념이 아니라 뚜렷한 기술에 관한 이야기다. 무엇을 쓸 것인지 고민하고 주제가 정해지면 어떻게 자료를 모으고 사례를 분석하는지 집필은 어떻게 하는지 도대체 얼마나 써야 책 한 권 분량이 나오는지 등등 독자들이 가장 궁금해할 내용들을 기획에서 출간까지 아낌없이 공개하려고 한다.

하지만 책 쓰기는 학습이 아니다. 공부하는 자세로 접근하기보다 가슴으로 느끼는 독서가 되었으면 한다. 몇 번을 반복하여 읽어보면 반드시 더 깊고 다른 느낌으로 다가올 것이다. 다시 한 번 말씀드리자면 책을 쓴다는 것은 나의 생각과 경험을 솔직하게 정리해 나가는 작업이다.

거기에 나의 이야기를 뒷받침해줄 사례와 더불어 더 매끄럽게 독자들에게 전달할 수 있으면 된다. 잘 쓰려고 하면 힘이 들어간다. 그냥 편하게 쓰면 된다. Chapter 1에서 이미 언급을 하였지만 글쓰기를 방해하는 요소들을 한 번 더 상기해보면 남들이 어떻게 생각할지를 미리 염두에 두면 글에 힘이 들어가고 생각은 경직된다. 생각 외로 남들은 나의 글에 관심이 없다. 이상할 정도로 나의 글에 관심이 없다. 책을 읽으면서도 왜 이렇게 썼지보다는 어떤 정보를 전달하는지, 독자가 얻어갈 수 있는 것이 무엇인지를 더 중요하게 여긴다. 특히 나의 전작인 『난생처음 부동산경매』 같은 경우는 더더욱 그렇다. 수려한 문장이 필요가 없다.

정확한 정보를 전달하는 것이 중요하므로 매끄러운 문장보다는 정확하고 공신력 있는 정보제공에 초점을 맞추어야 했다. 하지만 스스로를 검열하며 글을 쓰면 안 된다. 사고가 유연해야 독자가 읽기에도 편안한 글이 나온다. 작가가 만족해야 글도 건강하고 읽는 독자도 좋은 기운을 얻어간다. 그러므로 작가라면 유연한 사고뿐만 아니라 최상의 컨디션을 유지하는 스스로의 관리도 필요하다.

가상의 독자를 책상 앞에 앉혀놓고 이야기하듯 써도 좋다. 혹자는 이야기하듯 글을 쓰는 것은 좋은 방법이 아니라고 하는데 나의 생각은 그렇지 않다.

구어체가 어떻고 문어체가 어떻고 이런 식의 논리적인 접근방식도 고루하다. 글을 쓴다는 것은 소통을 의미한다. 소통은 배려에서 나온다. 단순히 통한다는 의미가 아니라 나의 이기(利己)를 먼저 알고 인정할 때 조금 더 상대에게 다가서는 것이 진정한 소통이다.

사람이 책을 만들고 역시 사람이 그 책을 읽는다. 사람이 읽지 않을 거라면 책을 쓸 이유도 없다. 그렇게 책은 고대와 현대의 만남이며 그때의 생각과 지금의 생각의 융화이다. 초보면 초보답게 쓰면 된다. 절대 좋은 글이 나올 리 만무하다. 최선을 다할 뿐이다. 하지만 초보 작가들은 기존의 작가들이 흉내 낼 수 없는 풋풋함이나 패기가 뚝뚝 묻어나올 수도 있다. 사명감보다는 배려의 마음으로 글을 써보자. 가상의 독자와 마주 앉아 밤새 수다를 떨어보자.

이제 어깨의 힘을 쫙 빼고 본격적인 글쓰기에 들어가보자.

☑ 책 쓰기, 어깨에 힘부터 빼고 자연스럽게 시작하자.

☑ 의외로 남들은 나의 글에 별로 관심이 없다.

☑ 사고가 유연해야 독자가 읽기에도 편안한 글이 나온다.

☑ 사명감보다는 배려의 마음으로 글을 써보자.

무얼 쓰지?

무얼 쓰지?

솔직히 말씀드리면 책 쓰기 과정 중에 가장 힘든 부분이 될 수 도 있고 고민할 것도 없이 가장 쉽게 넘어가는 부분이 되기도 한다. 별다른 콘텐츠 없이 오직 책을 쓰겠다는 일념 하나로 덤비는 초보 작가들은 이 시간이 굉장히 지루하고 힘들다. 왜냐고? 말 그대로 마땅히 쓸 것이 없기 때문에 그렇다. 하지만 뚜렷한 콘텐츠를 가진 사람이라면 고민이 필요 없다.

책 쓰기 과정을 배우러 오는 수강생 중에 전자처럼 오직 열정만 가득한 사람은 몇 주째 무얼 쓸 것인지로 고민한다. 하지만 확실한 콘텐츠를 가지고 등록한 사람은 이런 고민의 과정 없이 바로 자료를 수집하고 목차를 짜고 책 쓰기의 속도를 붙여나간다. 나도 물론 전자였다. 열정만 가득했지 무얼 써야 할지를 몰랐다.

후자의 경우는 대부분 분야의 전문가라든가 사회적으로 어느 정도

인지도를 갖춘 경우라 할 수 있는데 아무래도 나 같은 평범한 회사원 보다는 확실한 콘텐츠를 가진 사람들이다. 이들은 책 쓰기의 매뉴얼만 익히면 자료 수집과 집필에 들어가기가 아무래도 수월한 부류들이다. "무얼 쓰지?"의 고민과는 거리가 멀다.

작가作家라는 직업은 참 매력적이다.

문학작품이나 사진, 그림, 조각 따위의 예술품을 창작하는 사람을 말하는데, 한자를 보면 "지을 작作에 집 가家"를 쓴다. 그냥 쉽게 풀어보면 집을 짓는다 정도이지만 사람을 가리키는 말이므로 "집을 짓는 사람" 정도로 해석을 해도 별 무리는 없을 것 같다.

책이라는 틀에서 보면 글은 집을 짓는 재료가 된다. 여러 단락의 글들이 모여 책이라는 하나의 반듯한 집이 되는 것이다. 하얀 종이 위에 나만의 집을 짓는다는 것이 얼마나 가슴 설레고 즐거운 일이겠는가. 하지만 어떤 집을 짓지? 여기서 스텝이 한번 꼬인다.

서문에서부터 강조하였듯이 책은 콘텐츠와 실행력이 결합되어 물리적인 형태로 만들어지는 결합물이다.

나만이 말할 수 있는 나만의 이야기를 찾아야 한다. 이 과정에서 대부분의 사람들은 그저 평범하게 살아온 자신의 인생에 별다른 이야깃거리가 없다고 생각한다.

밋밋하게 살아온 인생일지라도 반드시 그 안에서 내가 할 수 있는 이야기를 찾아야 한다. 그렇기에 글감을 찾는다는 것은 긴 시간과 엄청난 고통을 수반한다.

혹자는 "세상 모든 것이 글의 소재가 된다."라고 한다. 틀린 이야기는 아니다. 하지만 이런 뉘앙스는 글감은 흔하디흔하다는 소리로 자칫 오해하기 쉽다. 분별력 없는 선택의 다양성은 그 선택을 더 어렵게 만든다. 아무리 흔한 주제라도 세상을 바라보는 자기만의 시각이 있어야 한다. 관찰자가 되어 보기도 하고 역지사지易地思之가 되어보기도 해야 한다. 사람이나 자연 등을 자기만의 시선으로 보는 독창성과 사물에 대한 과학적, 문학적 접근을 할 수 있어야 한다. 또 일정 부분 나의 경험이 동반되지 않은 아이디어는 결국에는 크게 힘을 발휘하지 못한다. 그러니 아무리 글감이 널려 있다 하더라도 그것은 남의 것일 뿐이지 내 것이 되긴 힘들다.

관찰과 메모는 글을 쓰는 사람에게는 꼭 필요한 부분이지만 그렇다고 경험을 압도하지는 못한다. 아무리 노련한 작가라 해도 군대 생활을 경험하지 못한 사람이라면 그가 쓴 군대 이야기는 크게 힘을 발휘하지 못한다. 경험이 없이 자료와 상상력만으로 쓰면 대부분의 문장이 "~인 것 같다." 혹은 "~라고 생각된다." "~ 일 것이다."처럼 추측에 의한 글이 나온다. 그러면 신뢰도나 문장의 힘이 떨어진다. 독자가 공감할 수 없는 글이 나온다. "무얼 쓰지?"의 고민이 경험을 배제하고 엉뚱한 길로 들어선 꼴이 된다.

"자대배치를 받고 처음 들어서는 내무반은 공포 그 자체였을 것이다. 그때 느낀 내무반의 공기는 평생을 잊지 못할 거라 생각된다."

"자대배치를 받고 처음 들어서는 내무반은 공포 그 자체였다. 그때 느낀 내무반의 공기는 평생 잊지 못한다."

전자는 남의 이야기를 다루는 느낌이다. 하지만 후자는 누가 봐도 나의 이야기라는 것이 느껴진다. 전자보다는 후자에 훨씬 신뢰감이 생기고 단명單明한 문장에 긴장감도 느껴진다. 이런 식으로 나만의 경험에서 우러나오는 이야기가 큰 힘을 발휘한다.

하지만 벽돌만으로 집을 지을 수 없듯이 충분한 경험이 있다 하더라도 관찰과 메모를 절대 게을리해서는 안 된다.

책은 책으로 끝나지 않는다. 세상에 책이 출간되면 강연이나 코칭, 칼럼, 기고 등의 다양한 요청이 들어온다. 하지만 책의 내용이 온전히 나의 경험이나 나의 내공이 아니면 실력이 금방 탄로 나고 만다. 결국은 안 좋은 결과로 부메랑이 되어 다시 돌아온다. 어설픈 지식으로 책을 내봐야 모래 위에 집을 짓는 격이다. 바로 이런 이유로 나만의 경험이 중요한 것이다. 경험이 없는 책 쓰기가 가능할까?

가능하다. 인문학이나 동양고전 등의 책을 몇 권 읽고 슬그머니 그 내용에 편승해 각색하듯 책을 내는 사람도 있다. 내 주변에도 있었다. 절대 바람직한 방법은 아니다. 실력이 금방 탄로 난다. 『하루 2장 수학의 힘』을 쓴 진미숙 작가는 평범한 보통 엄마였다.

하루 2장 수학문제 풀기라는 단순한 방법으로 자신의 두 아이를 서울대에 합격시킨 이야기를 책으로 썼다. 이후 그녀는 활발하게 강연활동을 하고 있다. 나만의 콘텐츠가 가져다준 결과이다. 무엇보다 처음 책을 쓰는 초보 작가라면 경험이 배제된 글쓰기는 곤란하다.

"나는 경험하지 않은 것을 책으로 쓰겠다는 경우를 용납하지 않는다. 천만금을 가져온대도 이런 경우, 책 쓰기 코칭을 하지 않는다."

송숙희 작가는 『당신의 책을 가져라』에서 이같이 밝혔다. 작가로서 그리고 책 쓰기를 지도하는 코치로서 양심과 당당함이 느껴지는 문장이다. 생각하면 사람들은 누구나 가슴속 깊은 곳에 분명히 책이 될 만한 이야깃거리가 있다. 단지 이런 것이 과연 책이 될까 하는 의구심 때문에 아예 나의 콘텐츠를 확실히 끄집어내지 못한다.

그러므로 하염없이 글감을 찾아 헤맨다. 정보와 지식의 발달은 4차 산업을 우리 곁으로 가져왔다. 남들과 차별화된 정보와 집약된 지식은 1인 기업의 형태로 그 존재감을 드러내는 시대가 되었다. 취미나 오락, 패션, 레저가 산업이 되는 5차 산업의 시대도 머지않았음을 느낀다. 그러므로 당신만의 경쟁력을 찾아야 한다.

그 누구보다 잘할 수 있고 좋아하는 것이 있다면 상당한 경쟁력이 있는 것이다. 그렇다면 나만의 콘텐츠는 어떤 것일까? 큰 노력 없이 성과를 이루었다거나, 관전보다는 참여하는 쪽이라든가, 두고두고 자랑할 만하다거나, 생각하면 기분 좋아지고 행복해진다거나, 한마디로 당신이 가장 열정을 쏟아붓고도 아쉬움이 남아 한 번 더 생각하는 그런 것들, 그것이 바로 당신만의 콘텐츠가 된다.

시골집을 구하느라 고생한 경험담이 책으로 나왔다. 생각지도 못했다. 시골집을 구하는 데 너무할 정도로 고생해서 왜 이런 책이 없을까 하는 의문을 품은 게 책으로 탄생했다. 내 경험만 알려줘도 사람들이 생고생하지 않겠다는 생각으로 출간 기획서를 쓰고 출판사에 이메일을 보냈다. 반응이 커서 놀랐다. 계약하기까지 한 달도 걸리지 않았다.

▷ 남이영 저, 『나도 작가다』 中

남이영 작가의 『나도 작가다』에 나오는 이야기를 일부 발췌하였다.

보통 낡은 시골집을 고쳐 사용한다거나 귀농해서 시골집에서 살아가는 삶에 관한 이야기 등은 시중에 많이 있는데, 위의 경우처럼 시골집을 구하느라 생고생한 이야기는 없었다. 바로 이런 것이 정말 좋은 소재가 된다. 시골집이나 전원생활이라는 것이 억양만 비슷할 뿐이지 개념은 전혀 다른 책을 쓴 셈이다.

더구나 작가 자신의 생생한 경험이므로 더할 나위 없이 훌륭한 콘텐츠다. 이렇게 책에는 반드시 핵심적인 메시지가 있어야 한다. 내가 누군가에게 들려 주고 싶은 이야기, 이런 이야기는 독자로 하여금 시행착오를 줄이고 카타르시스를 느끼게 해준다.

『1억으로 수도권에 내 집 갖기』는 부동산을 잘 모르던 남이영 작가가
이천에 2층집을 마련하기까지 9개월간 발품을 판 노하우를 담은 시골집
매매 가이드북이다. 시골집을 구하고 전원생활을 꿈꾸는 사람이라면 반
드시 읽어볼 만한 책이다.

이렇게 책 전체를 통틀어 가장 명확하고 핵심적인 메시지로 독자에게
어필해야 한다. 주제가 독특하고, 좀처럼 찾아보기 힘든 이야기이므로 더
많은 주목을 받는 것이다. 나 또한 '책 쓰기'라는 핵심테마를 가지고 예
비 작가들에게 조금이라도 도움이 되고자 차곡차곡 지면을 채워나가고
있다.

나의 경험이 진득하게 녹아 있는 나만의 콘텐츠는 과연 무엇일까? 당
당하게 세상에 할 수 있는 나만의 이야기는 무엇일까? 무얼 쓸지에 대하
여 진지한 고민이 필요할 것이다.

누구나 베스트셀러를 꿈꾼다

잘 다니던 직장 그만두고 세계여행을 다녀온 사람이 책을 쓰면 이 책
은 반드시 베스트셀러가 될 거라 생각한다.

미안하지만 요즘 그런 책은 흔하다. 알려지지 않은 나만의 맛집을 찾

아 사진과 함께 책을 내면 모든 사람들이 관심을 가져줄 거라 생각하지만 사실 그런 류의 책도 흔하다. 내가 책을 쓰면 무조건 주목받을 것이라는 생각을 하는 사람이 있다. 물론 안 되리란 법은 없지만 어디까지나 요원한 이야기인 것 같다.

이런 생각으로 책을 쓰는 사람이 저지르는 대표적인 실수는 독자를 고려하지 않는다는 점이다. 자아도취에 빠져 자기만의 생각을 이야기한다. 혼자만의 깊은 심연深淵에 빠져 철학적 논리로 접근한다거나 하는 우를 범한다. 시장성을 전혀 고려하지 않고 나의 이야기에 사람들이 귀를 기울일 거라 생각한다.

아무리 훌륭한 콘텐츠를 갖고 있더라도 나의 이야기를 뒷받침해줄 사례가 있어야 한다. 그래야 훨씬 설득력이 생긴다. 사례가 충분하지 않다는 것은 그만큼 대중적이지 못하다는 것이다.

자비출판을 한다면 상관없겠지만 독자는 냉정하다. 철저하게 독자의 입장에서 끌릴 만한 매력적인 내용이 담겨야 비로소 구매로 이어진다. 이렇게 나만의 생각을 일방적으로 이야기해서는 독자들의 외면을 받고 바로 사라져버린다.

대중서가 아니라 전공서에 가까운 책들도 있다. 일본 여행에서 느꼈던 감정과 소소한 볼거리, 뒷골목의 맛집들이나 그들의 독특한 생활방식 등 감성과 정보를 전달하는 것이 그나마 보편적인 여행기의 형식이라면, 일본의 역사와 한일 관계에 대한 부분을 집중적으로 조명한다거나 사회와 정치 상황을 유독 부각시킨다거나 등의 여행기가 된다면 이 역시 독자로부터 외면받을 것이다.

의학이나 법률, IT분야 등 한 전문분야를 소재로 쓴 책들은 대체로 건조한 편이다. 일반인들이 잘 모르기도 하지만 등장하는 용어들이 그쪽 업계에서나 사용되는 전문용어이다 보니 당연히 어려울 수밖에 없다. 그런데 자기계발서를 쓰면서 전문용어를 남발하는 경우도 있다. 혹은 오랜 외국 생활로 그쪽의 언어나 표현방식이 익숙해져 대중적이지 못한 표현을 하는 경우도 있는데 바람직하지 않다. 책은 단 한 줄이라도 비 온 후 맑게 갠 하늘처럼 선명한 기억으로 남아야 한다. 그러기에 말하듯 편안해야 하고 쉬워야 한다.

또한 정확한 팩트에 근거해서 써야 한다. 중언부언重言復言한다거나 "아마 그럴 것이다."처럼 근거가 미약한 문장은 독자들로부터 신뢰를 얻지 못한다. 누구나 베스트셀러를 꿈꾼다. 하지만 너무 상업성에만 치우치기보다 작가가 만족하고 독자가 행복해지는 정말 좋은 책 한 권을 쓰기 위해 노력해보자.

다음 파트에서는 이런 것도 책이 될까에 대한 이야기를 하려 한다. 내가 가진 무엇이 콘텐츠가 되는지, 어떤 방식으로 찾아야 하는지, 좀 더 깊이 들어가 살펴보고, 나만의 이야기를 찾는 법에 한발 더 다가서 보기로 하자.

☑ 책은 콘텐츠와 실행력의 결합물이다.

☑ 나만이 말할 수 있는 나만의 이야기를 찾아야 한다.

☑ 나의 경험이 콘텐츠가 되어야 한다.

☑ 책에는 반드시 핵심적인 메시지가 있어야 한다.

☑ 세상에 당당하게 내세울 수 있는 나만의 이야기를 찾아보자.

☑ 독자를 우선 고려하자. 자아도취는 곤란하다.

☑ 나의 콘텐츠를 뒷받침해줄 사례가 있어야 설득력이 생긴다.

☑ 대중서는 쉬워야 한다. 그리고 선명한 기억으로 남아야 한다.

☑ 작가가 만족하고 독자가 행복해지는 책을 쓰기 위해 노력하자.

이런 이야기도 책이 될까?

나의 무엇이 책이 될까? 이 물음에 당신은 얼마나 자유로운가?

이 물음에 과연 당신은 어떤 이야기를 할 수 있을까? 진지하게 고민하는 시간이 온다. 책을 쓰기 위해 가장 많은 시간을 투자하여 치열하게 생각의 생각이 꼬리를 물고 늘어진다. 자기 자신을 돌아보는 진지한 자기 침잠沈潛의 시간과 마주하게 되는 것이다. 힘든 시간이긴 하지만 자신을 돌아보는 가장 의미 있는 시간이 되기도 한다.

후배와 술자리를 한 적이 있다. 고향이 제주도인 이 후배는 맑고 투명한 느낌을 주는 친구다. 성격도 긍정적이고 활달해서 대화가 잘 통하는 편이다. 내가 책을 낸 것을 알고 본인도 책을 쓰고 싶다고 했다. 그래서 한동안은 무엇을 쓸까를 제법 고민도 했었단다. 그런데 아무리 생각해봐도 도무지 쓸 만한 이야기가 없다고 했다.

천천히 좀 더 깊이 생각해보면 반드시 자기만의 콘텐츠가 있을 것이라고 말해주었다.

책 쓰기와 독서 이야기로 깊어가는 밤만큼이나 분위기도 무르익어갔다. 술이 몇 순배 더 돌자 문득 후배가 키우던 크고 작은 화분들이 기억났다. 베란다를 가득 채웠던 올망졸망한 화분의 정체가 사실 방문했던 당시에도 궁금했었다. 한동안 잊고 지냈었는데 후배를 만나니 다시 생각이 났다. 아직도 그 화분들이 잘 있을까?

"예전에 너희 집에 갔을 때 베란다에 화분들이 엄청 많던데 지금도 그 화분들 잘 있나?"

"우와 그걸 아직도 기억하세요. 그럼요 너무나 잘 있죠. 제 자식들인데요. 하하"

"왜 그렇게 많이 키우는 거지? 얼핏 보니까 비슷비슷해 보이던데."

"아니죠. 비슷해 보이긴 해도 다육이들은 차세히 보면 조금씩 달라요. 그래서 더 매력이 있어요. 그리고 강수량이 적은 고산지대나 사막에서 살다 온 아이들이어서 생명력도 강해요."

후배는 제법 해박한 지식을 자랑하며 한참을 자기가 키우는 식물들의 종류에 대하여 사진까지 곁들여가며 설명해주었다. 이야기도 재미있었고 무엇보다 이야기를 들려주는 후배도 행복해보였다. 어릴 때부터 부모님이 제주도에서 화원을 운영해서 자연스럽게 식물들과 가까워졌으며 다육식물은 물론이고 화분 가꾸기에는 일가견이 있다는 말까지 덧붙였다. 당당한 자신감이 느껴졌다. 지금 당장 화원을 개업해도 잘할 자신이 있다며 해맑게 웃었다. 옳다구나 이거다 싶었다. 책 쓰기 주제가 정해지는 것 같았다.

"그래 이거다. 실내에서 화분 잘 가꾸는 방법이나 아니면 다육식물 잘 키우는 방법? 이런 건 어때? 충분히 경쟁력 있어 보이는데. 그리고 이런 부분을 인테리어에 이용한다거나 실내 공기정화에 효과가 있다거나 등등 암튼 충분히 이야기가 될 것 같은데, 그동안 키우면서 재미있는 에피소드도 있을 것 아냐?"

후배에게 콘텐츠에 대한 설명을 해주고 바로 너의 가장 강력한 무기가 무엇인지도 알려 주었다. 어느 가정이나 화분을 키우고 있으므로 충분히 시장성도 있어 보였다. 하지만

"글쎄요. 화분 가꾸는 게 무슨 책씩이나 쓸거리가 되나요? 이게 무슨 대단한 기술도 아닌데…. 그리고 요즘 다육이들 키우는 방법은 어지간한 것은 인터넷에 다 나와요."

후배의 반응은 냉랭했다. 충분히 그럴 만하다고 생각했다. 후배에게 화분은 너무나 자연스러운 일상이므로 충분히 이해가 되었다.

"이 사람아 무슨 소리야 충분히 되고말고. 특히 요즘에는 아파트에 사는 사람이 많잖아. 나도 집에 있는 화분 번번이 죽이는데, 아파트에서 완벽하게 화분 가꾸는 법 이런 콘셉트도 좋을 것 같은데, 요즘은 작은 점포 운영하면서 돈만 조금 벌어도 소규모 창업이니 작은 가게가 망하지 않는 법이라고 해서 책을 쓰는 세상이야."

내가 더 열을 올리며 말하고 있었다. 하지만 후배의 반응은 시큰둥했다. 참고는 하겠지만 기대는 하지 말라는 후배의 말로 대화는 끝이 났다. 후배에게 화분을 가꾼다는 것은 배고프면 밥을 먹고 졸리면 잠을 자는 것처럼 그저 어린 시절부터 몸에 습관처럼 스며 있는 행동이라 전혀 특별하지가 않았던 것이다.

지금도 후배의 베란다에는 다육식물들이 싱그럽게 잘 자라고 있고 안타깝지만 아직도 후배는 콘텐츠를 고민 중이다. 이렇게 나에겐 사소하지만 남에겐 특별할 수 있는 것, 바로 이런 것이 나만의 콘텐츠인 것이다.

월리엄 쿠퍼의 『파리 잡는 법』이란 책이 있다. 이 책을 처음 발견하고 신기하기도 하고 놀랍기도 했다. 이런 내용이 책이 될까 싶었다.

설마 했는데 진짜 파리 잡는 법에 대한 이야기이다. 월리엄 쿠퍼는 미국의 드라마 유머 작가이다. 동물 유머집 정도이긴 하지만 정말 파리를 잡는 여러 가지 방법이 디테일하게 나온다.

데이비드 리스의 『연필 깎기의 정석』이라는 책도 있다. "장인의 혼이

담긴 연필 깎기의 이론과 실제"라는 부제가 달려 있는 이 책은 정말 주구장창 연필 깎는 법에 대해 이야기하고 있다. 작가인 데이비드 리스는 우연히 그린 정치풍자 만화가 인기를 끌면서 3권의 책으로 출간이 되었고, 연극으로까지 각색이 되었지만 일반인에 가까운 사람이다. 물론 우리나라와는 정서가 많이 다르기 때문에 이런 책들이 출간될 수 있었을 것으로 보인다. 유행이나 인기에 영합하지 않고 나만이 쓸 수 있는 나만의 독특한 시각을 가져야 한다.

임승수, 이유리 이 두 부부작가가 집필한 『세상을 바꾼 예술작품들』이란 책이 있다. 임승수 작가는 "우리는 미술이나 음악에 전문가가 아니다. 애호가일 뿐이다. 단지 그 작품의 이면에 있는 세상을 바꿀 만한 재미있는 에피소드라는 독특한 시각으로 예술작품들을 바라보았으며 그 독특한 시각이 하나의 콘텐츠가 되었다"고 했다.

위에서 언급한 후배의 예처럼 본인의 무엇이 책이 될 수 있는지 정작 본인은 잘 모르는 경우가 많다. 매일 가꾸는 다육식물이 아무렇지도 않은 나만의 소소한 일상이며 큰 가치를 못 느끼겠지만 누군가에게는 "간절히 필요한 정보"일 수 있다. 누구나 자신만의 스토리는 있는 법이다. 나 또한 무얼 쓸까 장고^{長考} 끝에 비로소 내가 부동산경매를 하고 있음을 깨달았고 충분히 나의 이야기를 할 수 있겠다는 것을 알았다. 끊임없이 자기 자신에게 되물어야 한다.

내가 좋아하는 것이 무얼까? 내가 가장 오랫동안 해온 게 무얼까? 내가 가장 잘할 수 있는 게 무얼까? 남들에게 과연 나는 어떤 이미지일까? 나이를 더 먹었을 때 나의 황혼은 어떤 모습일까? 나는 왜 책을 쓰려고 하나? 나는 어떤 책을 쓰려고 하나? 과연 이런 이야기를 하는데 내가 적임자인가? 이렇게 스스로를 돌아볼 수 있는 시간이 필요하다.

책을 쓴다는 것은 콘텐츠와 실행력이라 했다. 세상에서 '나만이 할 수 있는 이야기', 혹은 '좀처럼 있을 법하지 않은 기묘한 이야기', 이런 이야기가 나만의 콘텐츠가 된다면 이것이 가장 큰 무기이다.

아무리 찾아봐도 그 누구도 하지 않았던 이야기가 있다면 이미 반쯤은 성공했다고 볼 수 있다. 하지만 여기에도 함정이 있다. 아무리 독특한 나만의 콘텐츠가 있다고 하더라도 과연 이런 이야기에 관심을 보일 독자들이 있을까? 이런 이야기를 필요로 하는 사람이 있을까? 등을 생각해 보아야 한다. 정말 나 혼자만의 콘텐츠라면 곤란하다.

완벽하게 대중적일 필요는 없지만 너무나 사소한 개인사라면 궤도를 수정해야 한다. 대중적이지 못한 나만의 이야기는 시장성이 없다는 것이다. 자비출판이 목적이라면 몰라도 그게 아니라면 책은 상업성이 있어야 한다. 책은 판매를 목적으로 쓰는 것이다. 그리고 그런 확실한 콘텐츠로 무장했는데 밀어붙이는 실행력까지 수반되면 정말 훌륭한 책이 나올 확률이 높다.

얼굴도 예쁜데 공부까지 잘하는 격이 되는 것이다. 목차나 자료 수집, 문법 등을 일단은 차치하더라도 확실한 콘텐츠만 있으면 반드시 훌륭한

책을 쓸 수 있다. 나의 무엇이 책이 되는가? 세상에 외치고 싶은 나만의

이야기가 있는가? 진지하게 고민해보아야 한다.

- ☑ 주제를 찾기 위해 자기 침잠沈潛의 시간이 필요하다.
- ☑ 나만의 독특한 시각을 가져야 한다.
- ☑ 주제란? 나에겐 사소하지만 남에겐 특별할 수 있다.
- ☑ 책을 쓴다는 것은 콘텐츠와 실행력이다.
- ☑ 대중적이며 시장성 있는 콘텐츠가 훨씬 유리하다.

자료 수집! 오감을 이용하라

드디어 주제가 정해졌다. 지루했던 터널을 통과해 나온 기분이다. 주제를 정하는 과정은 생각과 기억을 끄집어내는 작업이므로 열심히 한다고 가시적으로 쌓여가는 것이 아니다. 그렇기 때문에 힘든 심리적 시간일 수밖에 없다. 하지만 앞으로 만나게 될 자료 수집이나 집필 등은 내가 하는 만큼 쌓여가는 것이 가시적으로 보이는 물리적 시간이다. 이제부터는 노력하는 만큼 나의 곡간을 풍성하게 채워나갈 수 있다.

한 분야의 전문가라고 하더라도 막상 책을 쓰려고 하면 처음부터 끝까지 본인의 이야기만으로 채우기는 힘들다. 해당 분야의 역사나 유래를 필요로 할 수도 있고 본인의 이야기를 뒷받침해줄 사례를 찾아야 한다. 특히 사례는 많은 사람이 알 수 있는 가장 공신력 있는 이야기나 인물의 사례가 책의 신뢰감을 높여준다.

독자들의 입장에서도 저자의 개인적 이야기보다 충분히 이해할 수 있는 사례나 일화가 담김으로써 읽기도 매끄럽고 저자의 이야기가 훨씬 설득력 있게 다가온다. 기존에 나와 있는 책들 중에 나와 같은 주제로 만들어진 책들이 없거나 있어도 희소하다면 가장 좋은 콘셉트이긴 하겠지만 세상에 없는 나만의 이야기를 갖는다는 것은 쉬운 일이 아니다. 책으로 쓰려고 하면 이미 많은 경쟁도서가 나와 있는 것을 볼 수 있다.

나의 전작인 『난생처음 부동산경매』를 쓸 때도 이미 부동산경매 관련 책이 많이 나와 있었다. 어찌 보면 수없이 많은 부동산경매 책 가운데 그저 한 권 더 보태는 수준에 지나지 않을 수도 있었다.

부동산경매는 워낙 명확한 주제이며 이미 기존에 쟁쟁한 책들이 많이 나와 있었으므로 레드오션의 바다 속으로 뛰어드는 격이었다. 그래서 내용을 차별화하기 위해 부단히도 노력을 했었던 기억이 있다. 반드시 차별화가 필요했다. 그저 그런 책 한 권 더 보태는 것이 아니라 "부동산경매도 이런 책이 있구나."를 만들어야 했다.

주제가 정해졌다면 경쟁도서를 분석하고 거기에 맞는 자료를 수집해야 한다. 자료는 다양한 루트 route를 통해 얼마든지 수집이 가능하다. 우선 같은 주제의 경쟁도서, 신문, 잡지, 방송뉴스, 인터넷, 라디오방송, 하물며 사사로운 대화에서까지도 충분히 자료는 수집이 가능하다. 언제 어디서든 자료가 될 만한 것을 발견할 수 있다.

자료라고 생각되면 어떠한 형태로든 수집해야 한다. 일본 최고의 지성知性이라는 다치바나 다카시도 1권의 책을 쓰기 위해서는 관련 서적 100권은 읽어야 한다고 했다. 그만큼 관련 분야의 경쟁도서를 읽고 분석하는 것은 중요한 작업이다. 자료는 곧 정보이며 시대의 반영이다. 그러므로 지금의 트렌드를 읽을 수 있어야 한다. 관련 서적을 분석하는 것도 중요하지만 매일 나오는 신문이나 방송뉴스 등에도 귀 기울여야 한다.

자료를 수집하는데 정해진 방법은 없다. 본인이 취하기 가장 편안한 방법을 택하면 된다. 나 같은 경우는 경쟁도서를 분석할 때 연습장을 준비하고 책을 읽는다. 중요한 부분은 포스트잇으로 표시해두고 나중에 지우기 편하게 연필로 연하게 밑줄을 그어놓는다.

또 휴대폰으로 사진을 찍는다. 연습장에는 그때그때의 생각을 적는데 원칙은 절대 한 장을 넘기지 말자이다. 너무 많은 부분을 적기 시작하면 자칫 느슨해질 수 있으므로 타이트하게 긴장감을 유지하고 진짜 중요한 부분을 얻기 위한 스스로의 약속인 셈이다. 읽고, 체크하고, 포스트잇 붙이고, 사진 찍고, 생각을 적고, 이렇게 책 한 권에서 뽑을 수 있는 자료를 육수 뽑아내듯 뽑아먹는 셈이다.

인터넷에서 만나는 정보는 가능하면 캡처를 해둔다. 캡처 폴더를 따로 만들어 광범위하게 자료를 모아놓고 자료정리를 할 때 디테일하게 정리하여 해당 폴더로 이동시키면 된다.

자료 수집을 시작하면 몸 전체가 안테나가 되어야 한다. 순간 스치고 지나가는 아이디어나 갑자기 방송 등에서 순간적으로 지나가는 영상처럼 눈으로 보는 것, 하물며 후각으로 느껴지는 것까지도 자료화될 수 있다. 오감을 이용하여 자료를 수집해야 한다.

이미 Chapter 3에서 자세히 설명하였지만 이 순간 가장 유용한 방법은 바로 메모이다. 어느 순간이든 바로 메모해두어야 한다. 요즘은 휴대폰 메모 기능이 워낙 뛰어나므로 언제 어디서든 간편하게 메모를 할 수가 있다. 수집된 자료를 인용할 때는 출처를 분명히 밝혀야 한다. 그러므로 수집과정에서 반드시 출처를 함께 수집해야 한다. 정작 훌륭한 자료를 확보하고도 출처가 불분명해 사용을 못 하는 경우가 있다. 특히 책의 내용 중 한 부분을 사진으로 찍어 놓으면 막상 사용하려고 할 때 과연 내가 이 자료를 어디서 발췌했는지를 모르는 난감한 상황이 발생한다. 결국엔 출처를 모르기 때문에 아무리 좋은 자료라도 그저 그림의 떡이요 빛 좋은 개살구일 뿐이다. 결국엔 사용을 할 수가 없다.

인터넷에서 수집한 자료는 무조건 믿으면 안 된다. 가장 많은 정보를 가장 손쉽게 얻을 수 있는 공간이긴 하지만 무턱대고 믿었다간 나중에 큰 낭패를 당할 수 있다. 나도 전작인 부동산경매 책을 쓰면서 인터넷 공간에서 얻는 자료가 얼마나 위험한지 직접 느꼈었다. 나중에 민사특별법 조항을 일일이 대조하고 확인했었다.

인터넷 공간은 다양한 사람들이 자기의 생각을 자유롭게 표현하였으므로 절대 신뢰하면 안 된다. 책을 쓰기 위한 자료는 가장 보편타당해야 하고 문제가 될 만한 내용은 정확하게 출처를 밝히고 인용하였음을 알려야 한다. 자료는 수집만큼이나 활용도 중요하다. 남의 소중한 생각을 마치 나의 생각인 양 출처도 밝히지 않고 사용하여서는 절대 안 될 것이다.

☑ 아무리 전문가라도 자료 수집은 꼭 필요하다.

☑ 자료 수집에 왕도는 없다. 다양한 경로를 통해 자료를 수집하자.

☑ 인터넷에서 수집한 자료는 100% 신뢰하면 안 된다.

☑ 수집된 자료를 인용할 때는 출처를 분명히 밝혀야 한다.

머리말과 목차에서 승부하라

대형서점에 가보면 입이 떡 벌어질 만큼 다양한 종류의 많은 책들을 볼 수 있다. 나는 이렇게 많은 책들 중에 과연 나의 책을 어떻게 어필할 수 있을까? 진지하게 생각해 본 적이 있다. 이 많은 책들 가운데 한번이라도 선택받을 수 있는 방법은 표지디자인, 제목, 머리말, 목차의 역할이 크다는 것을 깨달았다. 표지디자인은 작가가 어느 정도는 관여할 수 있지만 거의 출판사의 영역이라고 봐야 한다. 제목도 작가와 출판사 간의 줄다리기라고 볼 수 있다. 하지만 머리말이나 목차는 온전히 작가의 능력이 작용하는 부분이다.

우선 독자가 표지디자인과 제목에 끌려 책을 들게 되면 머리말과 목차까지 자연스럽게 이어진다. 이때 머리말은 독자의 마음을 잡아끌어야 한다. 호기심을 불러 일으켜야 하며 독자를 유혹해야 한다. 한마디로 읽고 싶어 안달나게 해야 한다.

말씀드리자면 이 책은 이런 책입니다. 그러니 당신은 반드시 이 책을 읽어야 합니다. 간결하지만 단호하게 어필해야 한다. 이렇게 머리말은 책의 자기소개서와 마찬가지다. 너무 장황하고 길면 안 된다. 독자들이 가볍게 읽으면서 내용을 파악할 수 있어야 하고 간단하고 명료하게 책의 전반을 보여 주어야 한다.

서점 판매대에서 책을 들고 있는 독자를 생각해보라. 내용이 지루하다거나 너무 학문적이기만 하면 금세 다른 책으로 시선이 돌아간다.

고루하고 흥미가 없다는 얘기다. 하지만 너무 시선만을 잡아끌기 위해 흥미위주로 쓰면 자칫 책 본연의 신뢰성을 떨어뜨릴 수도 있다.

솔직담백하게 쓰되 특이한 나의 이력이나 독자가 충분히 공감할 수 있는 경험을 슬쩍 끼워 넣는 것도 좋은 방법이다. 독자에게 공감을 불러일으킨다는 것은 구매로 이어질 가능성이 그만큼 커진다는 얘기다. 머리말은 책의 맨 첫 페이지를 장식한다. 그러므로 책의 첫인상이라 할 수 있다. 좋은 인상을 남겨야 한다.

책을 쓸 수 있는 분야는 다양하다. 인문, 자기계발, 경제경영, 고전, 재테크, 소설, 시, 에세이 등 이렇게 다양한 종류의 책들은 어떻게 구성되었을까? 아무리 책의 종류가 다양하더라도 구성은 거의 비슷하다. 약간씩 다르긴 하지만 큰 틀에서 보면 머리말, 목차, 본문, 맺음말이라는 틀을 크게 벗어나지 않는다.

아이러니하게도 맨 처음 들어가는 머리말은 집필이 완전히 끝나고 맨 마지막에 쓰는 경우가 대부분이다. 맨 처음 들어간다고 해서 머리말을 맨 처음부터 절대 쓸 수가 없다.

아무리 멋지게 쓴다고 해도 본문의 내용에 따라 머리말이 바뀌기 때문이다. 목차를 비롯한 본문의 내용 등이 맨 처음 기획대로 가는 경우는 드물다. 수없이 더하고 빼는 과정을 거쳐 전혀 다른 형태의 내용이 탄생하기도 한다. 그러므로 머리말은 완전히 집필이 끝난 다음에 쓰는 것이다. 또 머리말은 가능하면 바로 빠르게 쓰는 것이 좋다. 본문이 마무리가 되고 본문의 내용이 뚜렷할 때 생각을 정리하여 집필하는 것이다. 비록 내가 쓴 본문이지만 어디에 무엇이 있고 어떤 문장을 썼는지 디테일하게 기억하지 못하는 경우가 있다.

그러므로 본문의 여운이 생생하게 남아 있을 때 바로 쓰는 것이 좋다. 한 가지 팁을 드리자면 나는 "머리말 수집"이라는 문서 한 장을 따로 만들어 놓고 본문 집필 시 반드시 머리말에 써야겠다 싶은 내용은 바로 복사해서 옮겨놓는다. 깔끔하게 정리할 필요도 없고 그냥 바로바로 Ctrl+C복사, Ctrl+V붙여넣기 할 뿐이다. 이렇게 수집을 하면 나중에 머리말을 쓸 때 정말 많은 도움이 된다. 제목 또한 마찬가지로 "제목 수집"을 따로 만들어 놓고 집필 시 번쩍하고 떠오른 제목을 날짜와 함께 적어놓는다. 이런 식으로 하면 본문 집필이 끝날 때 즈음 머리말이나 제목이 제법 두둑하게 쌓여 있는 것을 볼 수 있다. 이 방법은 나만의 방법이긴 하지만 그때그때 흘려버리기 쉬운 생각들을 바로 메모하여 삽아둔다는 의미이므로 누구든 이 방법을 사용해보는 것도 좋을 것이다.

이렇게 머리말은 반드시 써야 한다. 그것도 잘 써야 한다. 책의 자기소개서이며 독자와 맨 처음 만나는 첫인상이다.

그렇다면 맺음말은 어떨까? 맺음말은 딱히 정해진 것은 없다. 즉 써도 되고 안 써도 크게 상관은 없다는 얘긴데 결국에는 본문 내용을 다시 한 번 언급하여 훈훈하게 마무리한다는 의미이므로 집중력이 떨어지는 것은 의심할 여지가 없다. 그러므로 기존의 작가들 가운데는 맺음말을 생략하는 경우도 많이 있다. 하지만 나는 꼭 맺음말을 쓴다. 맺음말은 독자들에게 보내는 일종의 감사편지인 셈이다. 책을 끝까지 읽어주셔서 감사하다는 내용과 조금이라도 도움이 되기를 바란다는 당부와 희망의 메시지를 남기는 것이다. 크게 중요한 부분은 아니지만 작가의 진심이 전해지는 따뜻한 부분이므로 담담하게 스스로의 생각을 쓰면 된다.

목차를 구성하라

본문 집필에 앞서 가장 먼저 선행되어야 할 작업이 바로 목차를 짜는 것이다. 목차를 단순히 책 내용에 대한 순서 배열 정도로 생각할 수도 있다. 하지만 목차는 상당히 중요한 비중을 차지한다. 독자들은 이미 머리말을 읽고 관심을 갖기 시작했다. 그리고 목차를 읽음으로써 머리말에서 파악하지 못한 책의 진행 방향을 파악한다.

책에 담겨 있는 작가의 의도까지 눈치챌 수 있어야 한다. 책의 내용이 어떤 식으로 전달되는지를 한눈에 알 수 있어야 한다.

어떤 독자들은 목차만 보고 순서를 달리해 읽는 독자도 있다. 절대 책을 순서대로 읽으란 법은 없으므로 자기 스타일대로 읽는 것은 바람직한 일이다. 대부분 목차는 주제, 진단, 해법, 결론의 형태로 구성되는데, 예컨대 비정규직에 관한 내용을 주제로 책을 쓴다면 큰 틀에서 이런 목차가 나올 것이다.

주제 비정규직이란 무엇인가? 비정규직에 대한 정의 및 이 시점에서 비정규직의 가장 현실적인 이야기

진단 정규직과 비정규직의 임금이나 복지 등의 격차, 현실에서 비정규직의 삶 등등

해법 비정규직도 정규직화되어야 한다. 기관이나 단체 정부에서 의지를 가지고 해결에 앞장서야 한다.

결론 이만큼의 좋은 점이 있고 반면 이런 부분은 부작용이 발생한다. 앞으로 더 개선 발전시켜나가야 한다.

목차는 이렇게 큰 틀에서 시작해서 그 안에서 기승전결을 나누고 좀 더 세밀하게 소제목들로 나뉘어 구성되어진다. 반드시 명확한 주제를 던지고 냉정하게 현 실정을 진단하고 거기에 따른 해법을 제시하고 제시한 해법에 따른 결론을 말해야 한다.

집으로 따지면 구조인 셈이다. 철골이든 목조이든 집의 형태를 만들어주고 근간根幹을 이루는 뼈대이다.

책은 장르나 분야별로 목차의 구성이 다소 달라질 수 있다. 물 흐르듯

뚜렷한 경계 없이 자연스럽게 구성되기도 하고 도입, 핵심, 결론의 명확한 경계를 구성하는 목차도 있다. 잘 짜여진 목차는 책을 읽기에도 매끄럽지만 판매에도 분명히 일익을 담당한다. 제목이나 표지디자인에 끌려 책을 집어 든 예비 구매자가 구매결정으로 이어지는 가장 빠른 길은 명확한 머리말과 논리적인 목차이다. 접근 방식이 너무 계산적일지 모르겠지만 책을 쓴다는 것은 상업성을 절대 배제할 수는 없는 것이다.

"제목으로 책을 들게 하고 머리말과 목차로 책을 사게 하라. 그리고 내용으로 소문이 퍼지게 하라."

바로 이게 책에 대한 나의 생각이다. 출판사도 작가도 두루두루 좋아야 한다. 목차를 짜기에 앞서 경쟁도서를 분석하는 것은 많은 도움이 된다. 나는 전작을 쓸 때 가장 잘 나가는 경쟁도서들의 목차를 면밀히 비교해 보았다. 그러다보면 법칙이 보이기도 하고 생각지도 못했던 기발한 아이디어가 떠오르기도 한다. 같은 주제로 만들어진 경쟁도서들이므로 목차의 상당부분은 중복이 되지만 간혹 그 책만의 독특한 목차를 발견하는 경우도 있다. 이런 기발한 부분은 간과하지 말고 본문의 내용과 그 내용을 목차에 어떤 식으로 표현했는지를 파악해보아야 한다.

책의 장르에 따라서 목차의 형태가 바뀌기도 하지만 이야기의 흐름에 따른 비중은 도입, 핵심, 마무리의 순서가 마치 항아리 모양으로 되어야 한다. 무슨 말이냐면 우리가 영화를 보더라도 도입부는 잔잔하게 사건의 암시를 나타낸다. 중반부에는 갈등이 표현되고 본격적인 사건의 핵심으로 들어간다. 후반부로 갈수록 사건의 내용이 증폭되고 해결국면을 맞이한다. 마무리에는 비로소 갈등이 풀리고 모든 사건이 해결되면서 영화가 끝난다. 대부분의 이야기의 구성이 이러하다. 시대상황에 따라 트렌드가 조금씩 바뀌기도 하지만 기승전결이 있는 스토리의 구성은 대부분이 이러하다. 보통 글을 왼쪽에서 오른쪽으로 읽는 것처럼 이야기의 전개와 마무리가 이런 식으로 흘러가는 것에 독자들은 많이 익숙해져 있다. 그러므로 목차도 주제의 핵심으로 다가가는 도입부와 주제의 중심이 되는 핵심부, 펼쳐졌던 이야기를 수습하고 정리하는 마무리부로 구성하는 것이 가장 좋다.

'콘텐츠는 튀어도 목차는 튈 필요가 없다.' 여행에서 만나는 친절한 가이드 guide 처럼 자연스럽게 주제 속으로 들어갈 수 있게 이끌어 주면 된다. 그리고 목차는 언제든 틀어질 수 있다. 처음 구성한 목차 순서대로 절대 글이 나올 수가 없다. 나 또한 목차의 순서를 참고하면서 집필을 하지만 막상 글을 써보면 목차는 열두 번도 더 바뀐다. 있었던 부분을 삭제하기도 하고 생각지 못했던 부분을 새롭게 첨가시킬 수 있다. 목차는 그야말로 큰 틀이다.

그 큰 틀 안에서 집필이 이루어지고 다져진 내용들이 알맞게 제자리를 찾아 가장 효율적으로 다시금 재배치되는 것이다. 목차가 중요하긴 하지만 처음부터 너무 목차에 신경 쓸 필요는 없다. 집필을 하면서 열두 번도 더 바뀌는 하나의 얼개일 뿐이다.

- ☑ 머리말은 책의 자기소개서이다.
- ☑ 머리말은 간결하지만 단호하게 이야기해야 한다.
- ☑ 맺음말은 독자에게 보내는 감사편지 정도로 생각하자.
- ☑ 책을 구성하는데 목차는 상당히 중요한 요소이다.
- ☑ 도입, 핵심, 마무리를 항아리 형태로 구성하자.
- ☑ 콘텐츠는 튀어도 목차는 튈 필요가 없다.
- ☑ 목차는 자연스럽게 주제로 이끄는 친절한 가이드면 된다.
- ☑ 목차는 열두 번도 더 바뀐다. 너무 신경 쓸 필요 없다.

호날두가 흙수저라고?

‘흙수저’ 호날두 메시 위로 날다.

2017년 6월 5일 포효하는 크리스티아누 호날두의 사진과 함께 『일간 스포츠』 신문에 시선을 잡아끄는 헤드라인이 실렸다. 명문구단 레알 마드리드의 축구선수 호날두와 흙수저가 가당키나 한 말인가? 2016~2017 시즌 유럽축구연맹UEFA 챔피언스리그 결승전에서 승리를 거두며 ‘빅 이어챔피언스리그 우승 트로피의 별칭’를 들어 올렸다는 기사이다. 그리고 그의 가난했던 시절을 조명하며 드디어 우승자가 되었다는 내용인데, 기사 내용은 그렇다 치더라도 1면 헤드라인이 한방에 시선을 사로잡는다. 나는 이 헤드라인을 보며 정말 기발하다는 생각을 했다. 흙수저와 호날두라? 어떻게 그의 럭셔리한 이미지와 흙수저를 매치시킬 생각을 했을까? 이만큼이나 딱 한 줄의 문장이 주는 파급력은 실로 어마어마하다.

책에 있어서도 제목은 판매와 직접적으로 연관되어 있으므로 본문만큼이나 중요한 비중을 차지하고 있다고 해도 과언이 아니다.

"책은 제목 장사다." 출판사나 작가나 누구나 이견 없이 인정하는 업계의 은어라고 할 수 있겠다. 그만큼 제목은 중요하다. 출판업계에서 흔히 얘기하는 3T^{Timing, Targeting, Titling}의 하나이며 앞서 설명한 타이밍이나 타겟팅과는 비교도 할 수 없을 정도로 가장 중요한 요소 바로 "타이틀링 ^{Titling}"이다.

출판사에서도 차라리 원고를 쓰는 게 낫지, 제목 정하는 것은 너무나 고통스럽다는 볼멘소리를 하기도 한다. 그만큼 제목은 직접적으로 판매와 직결되어 있기 때문일 것이다. 특히나 편집과 영업의 구분 없이 몇몇의 직원들이 멀티플레이어가 되어야 하는 소형출판사의 경우는 제목이 곧 출판사의 명운^{命運}을 좌우한다고 해도 과언이 아니다. 그러다 보니 대표를 비롯한 직원들이 집중할 수밖에 없다.

자비출판을 해서 책을 지인들에게 나누어주거나 후세에 나의 업적을 알릴 목적이 아니라면 책은 상업성을 염두에 두고 만들어야 한다. 많이 팔아야 출판사나 작가가 좋은 것이다.

당신이 지금 대형서점에 들어간다고 생각해보자. 가장 눈에 들어오는 것이 경제경영, 문학, 자기개발 등 여러 개의 판매대에 각각의 테마별로 분류되어 있는 책을 보게 된다.

가장 잘 보이는 곳에 '새로 나온 책' 코너가 보인다. 서가가 아닌 판매대에 진열된 책은 책의 전면부가 노출되므로 표지디자인과 제목이 한꺼번에 눈에 들어온다. 사람으로 따지면 첫인상인 셈이다. 세상에 나와 비로소 독자들과 처음 만나는 것이다. 기왕이면 호감이 가는 끌리는 외모라면 훨씬 더 유리할 것이다.

"뭐지 이 책?" 눈에 띄는 확실한 제목 하나가 당신의 흥미를 잡아끈다. 이런 생각이 스치면서 자연스럽게 책을 집어 들게 된다. 제목의 위력이 이 정도다. 일단은 집어 들어야 페이지를 넘길 것이고 페이지를 넘겨야 머리말과 목차를 보게 된다. 머리말과 목차를 보고 판매로 이어질지 이후의 판단은 구매자의 몫이지만 일단은 책을 집어 들게 만들어야 한다.

제목은 그만큼의 흡인력이 있어야 한다. 하지만 제목을 바라보는 시각이 작가와 출판사 간에 판이하게 다른 경우도 있다. 작가는 원고를 쓴 장본인이므로 가능하면 그 원고의 내용에 충실하면서 일맥상통하는 제목을 고집할 것이고 출판사 측에서는 우선 독자의 마음을 사로잡기 위한 제목을 가장 선호할 것이다. 이렇게 서로의 입장차가 있다 보니 각자 다른 시각으로 제목에 접근하게 되는데 적당한 선에서 의견이 조율되면 좋으련만 그렇지 않고 결국엔 이견을 좁히지 못해 계약이 결렬되는 경우도 간혹 있다.

책을 직접 쓴 작가나 단 한 권이라도 더 팔아야 하는 출판사나 서로의 입장이 있겠지만 제목은 양보하거나 타협의 대상이 될 수 없는 것이다. 제목에 있어서 너무나 유명한 일화가 있다. 21세기북스 출판사는 2002년에 『유 엑설런트』라는 책을 출간했다. 이 책은 2만 부가 팔렸다. 6개월 후 출판사에서 전략적으로 제목을 바꾸어 재출판한 책은 무려 50배에 달하는 100만 부 가까이 판매되었다. 그 책이 바로 『칭찬은 고래도 춤추게 한다』이다. 위력이 이 정도라면 제목의 중요성을 절대 간과할 수 없다. 그렇다면 어떤 제목이 좋은 제목일까?

만약 독도의 사계절을 멋진 사진과 함께 집필한 책이라면 필연적으로 "독도"라는 단어는 들어갈 확률이 높다. 이렇게 특정되는 경우는 임팩트 있는 단어를 넣어 주는 것도 효과적이다. 그런 것이 아니라면 현재의 트렌드를 고스란히 담고 있는 시대상을 반영하면 좋다. 현시대를 반영한다는 것은 독자들에게 그만큼 거부감 없이 다가설 수 있기 때문이다. 현실의 반영은 인터넷 검색 등을 통해 과연 어떤 형태의 검색어가 뜨는지 연관검색어는 어떤 것들이 있는지 살펴보는 것도 좋다. 독자들은 제일 먼저 원하는 책을 인터넷으로 검색한다는 사실을 염두에 두고 제목 또는 부제에 가장 보편적으로 검색에 걸릴 만한 단어들을 배치하는 것도 전략이다.

제목 못지않게 부제도 상당히 중요하다. 제목만으로 충족이 되지 않은 독자의 시선은 반드시 부제로 향한다.

부제는 제목으로써의 역할뿐만 아니라 책 전반의 내용을 설명하는 한 줄의 팩트와 같은 의미를 갖는다. 이지성 작가의 『리딩으로 리드하라』는 "세상을 지배하는 0.1퍼센트의 인문고전 독서법", 나이토 요시히로의 『말투 하나 바꿨을 뿐인데』는 "일, 사랑, 관계가 술술 풀리는 40가지 심리기술"이라는 친절한 부제가 붙어 있다. 이렇게 상큼한 부제는 책의 제목만으로 만족할 수 없었던 가려운 부분을 긁어주는 느낌이다. 무엇보다 독자들에게 딱 한 줄로 "이건 이런 책입니다." 하고 말하는 것이다. 그렇기에 부제를 어떻게 뽑느냐가 어렵게 정한 제목을 더욱 빛나게 해줄 수 있는 것이다.

또 본인이 출간하려는 책과 유사한 책들을 분석해보는 것도 좋은 방법이다. 미사여구를 사용하여 정체가 모호한 제목은 곤란하다. 단번에 무슨 책인지 알아차려야 한다.

독자들이 선택할 수밖에 없는 충분히 매력적인 이유가 있어야 한다. 한마디로 읽고 싶어 안달 나게 해야 한다. 강태은 작가의 『상위 4%를 만드는 1등급 다이어트』, 지태주 작가의 『읽으면 살 빠지는 이상한 책』, 이 책들은 다이어트가 하나의 사회현상이 되어버린 요즘 제목만으로 독자들이 궁금증을 충분히 유발할 수 있는 매력있는 제목이다. 또 독자들에게 충분히 신뢰성을 주기 위해 삼성이나 스티브 잡스처럼 이미 유명하거나 공신력 있는 단어를 조합하는 것도 좋은 방법이다.

임승수 작가의 『원숭이도 이해하는 자본론』, 이 책은 제목만으로 책의 핵심 내용을 단번에 눈치챌 수 있다. 자본론이란 딱딱하고 어려운 학문을 원숭이가 이해한다. "여러분 자본론에 대해서는 이보다 더 쉽게 설명한 책은 없을 겁니다."라고 말하는 것 같다. 이렇게 책의 핵심내용이 한번에 예상되는 제목은 아주 좋은 제목이라 할 수 있다.

하지만 이같이 제목을 짓는 몇 가지 공식과 상관없이 불현듯 스치는 순간의 기발함에서 오는 제목이 정말 좋은 제목이 되기도 한다. 잃어버린 TV 리모컨을 아무리 찾아도 없었는데 아무 생각 없이 출근하는 지하철 안에서 갑자기 번쩍하고 떠오르는 경우가 있다. 그곳에는 반드시 TV 리모컨이 있다. 좋은 문장이나 제목도 아무 생각 없이 운전을 한다거나 샤워를 하다가 갑자기 번쩍 떠오르는 경우가 있다.

"왜 나는 샤워 도중에 최고의 아이디어가 떠오를까?"

아인슈타인의 이 말처럼 몸과 마음에 완전히 힘을 빼고 편안해지는 어느 시점에 영감靈感이라는 새로운 기운이 우리 곁을 스치듯 지나간다. 언제 어느 순간에 이런 멋진 생각이 휙 스치고 지나갈지 모를 일이다. 이렇게 불현듯 스치는 생각은 수단과 방법을 가리지 말고 무조건 잡아두어야 한다.

요시다 히로시의 『책을 내고 싶은 사람의 교과서』에서 제목에 대한 짧지만 강한 문장 하나를 발췌하여 소개한다.

저는 책의 제목을 구상할 때 두 가지 커다란 가이드라인을 정해놓고 시작합니다. 극단적으로 말해 책 제목이 이 두 가지 가이드라인을 충족시키지 않으면 아예 출판을 포기합니다. 여기서 가이드라인이란 "참신함"과 "공감"을 의미합니다.

▷ 요시다 히로시 저, 『책을 내고 싶은 사람의 교과서』 中

☑ 제목은 독자와 책이 맨 처음 만나는 가교가 된다.

☑ 부제는 한 줄의 팩트와 같은 의미를 갖는다.

☑ 독자들이 단번에 내용을 알아차릴 수 있는 제목이 좋다.

☑ 읽고 싶어 안달 나게 해야 한다.

☑ 공식보다는 순간 떠오른 영감이 더 기발한 제목이 되기도 한다.

장기 레이스의 시작! 본문 집필

집필執筆은 붓을 잡는다는 뜻이다. 즉 직접 글을 쓴다는 의미인데 오랜 시간을 거쳐 드디어 분량을 만들어내는 순간이 왔다.

본문 집필은 단순히 글을 쓰는 것이 아니다. 시간을 통제하고 체력과의 싸움이 시작된 것이다. 그동안 돌았던 트랙과는 상대가 되지 않는다. 경기장 밖으로 나가 긴 호흡으로 뛰는 마라톤이 시작된 것이다. 반환점을 돌아 다시 경기장으로 돌아와 멋지게 결승점을 통과해야 한다. 가장 많은 분량의 글을 쓰는 시간이기도 하고 가장 깊이 빠져들어 꾸준하게 몰입해야 하는 시간이기도 하다. 순발력보다는 지구력의 싸움이 시작되었다. 앞에서 책은 확실한 콘텐츠와 실행력이라고 했다. 출판사 관계자들이 원고를 검토할 때 화려한 문장이나 단어 사용에 중점을 두고 검토하지는 않는다. 원고가 얼마나 신선한가, 주제가 얼마나 참신한가 등이 많은 부분을 좌우한다.

그러므로 미사여구의 남발은 오히려 부작용을 낳을 수 있다. 본인만

심취한 글은 대중성을 갖지 못한다. 계속 뜬구름 잡는 식이 되어버린다. 독자들에게 가장 빠르고 정확하게 전달하기 위해서는 단순하고 명료해야 한다. 특히 전문서적은 정보가 우선되어야 한다.

독자들은 부동산경매 책에서 경매의 기술을 배우고 싶은 것이지 화려한 문장력이나 감성을 느끼기 위해 읽는 것은 아니다.

출판사에서도 여러 가지 사항을 고려하겠지만 콘텐츠의 시장성에 많은 비중을 두는 이유는 소위 먹힐 만한 이야기인지 아닌지가 제일 우선적으로 필터링이 되기 때문이다.

"저는 꼭 책을 쓰고 싶은데 글 쓰는 실력이 없어서요."

이것은 핑계가 되지 않는다. 절대 미흡한 나의 글쓰기 실력을 염려할 필요가 없다. 저자라면 독특한 나만의 이야기를 하면 된다. 오타가 발생할 수도 있고 문맥의 흐름이 다소 어색할 수도 있지만 전혀 신경 쓸 필요가 없다. 한글 프로그램이 자체적으로 빨간 줄을 그어 잘못된 부분을 바로잡아준다. 그리고 출판사에는 교정교열의 전문가가 있으므로 콘텐츠만 확실하면 빛나는 다이아몬드로 가공하는 것은 아무런 문제가 되지 않는다.

글쓰기와 책 쓰기는 다르다. SNS나 블로그에 업데이트하는 글쓰기와 긴 호흡으로 가는 책 쓰기는 얼핏 비슷해 보인다.

하지만 확연히 다른 것이다. 처음부터 잘 쓸 수도 없겠지만 잘 쓰려고 할 필요가 없다. 그저 단어들을 마구 늘어놓는다거나 생각나는 대로 문장을 이리저리 써보면 된다. 절대 목차의 순서대로 쓸 필요도 없다. 글을 쓰는 것은 드레스를 고르는 것과 다르다. 남을 의식할 필요가 없다. 글쓰기를 방해하는 대부분의 요소는 내 글이 남에게 어떻게 보일까를 의식하면서 시작된다. 남을 의식하게 되면 스스로를 믿지 못하고 자기검열에 빠지게 된다. 쓰고 고치기를 반복하게 된다. 숙성된 글이 아니라 풋과일처럼 덜 익은 글이 되어버린다.

의외로 사람들은 내 글에 크게 관심이 없다. 특히 전문서의 경우는 정보를 전달하는 표현방식일 뿐이다. 작가들마다 약간씩 표현방식이 다를 수 있지만 독자의 최종목적은 바로 정보다.

가장 자신 있는 부분부터 쓰면 된다. 그리고 쉽게 써야 한다. 가장 전달력 있는 글은 누가 읽어도 쉽게 의미를 전달할 수 있는 글이라야 한다. 독자에게 쉽다는 것은 그것을 표현하는 작가에겐 그만큼 어려운 일일 수도 있겠지만 가능하면 쉽게 써야 한다. 마치 이야기하듯 편안하고 구체적으로 문장을 짧게 써야 한다.

수다 떨 듯 그리고 빠르게

나는 가상의 독자와 항상 마주하고 글을 쓴다. 누군가 이야기할 대상을 앞에 앉혀 놓고 집필을 시작한다. 글을 쓴다기보다 그저 이야기하듯

하면 된다.

그렇게 나는 밤이건 새벽이건 나의 가장 친한 독자와 하염없이 수다를 떤다.

"안녕하세요? 어제 우리 어디까지 이야기했죠? 주제를 잡고 자료 수집까지 끝냈군요. 그럼 오늘은 본격적인 집필에 대하여 이야기해볼까요? 집필이란 말이죠…" 이런 식으로 시작한다.

그냥 마주한 독자에게 이야기하듯 쓴다. 오타가 나건 문법에 맞지 않건 일단은 생각나는 대로 하고 싶은 말들을 마구 쏟아낸다.

한글프로그램 여기저기에 빨간 줄이 쳐지지만 정리정돈은 나중 문제이고 일단은 문장이나 단어들을 마구 쏟아내야 한다. 이 순간만큼은 기승전결도 필요 없고 앞뒤좌우도 필요 없다. 머릿속에 있는 모든 언어를 글로 바꾸어 놓아야 한다.

힘을 빼고 자연스럽게 나의 경험을 하나씩 떠올리며 지면으로 옮기면 된다. 당연히 흐름이 매끄러울 수가 없다. 앞뒤 순서가 바뀌었더라도 우선은 꾸준히 써나가야 한다. 이런 꾸준함의 바탕은 바로 실행력이다. 흔들림 없는 고목처럼 우직하게 밀어붙이는 힘, 바로 실행력을 보여줄 때가 된 것이다.

집필은 엉덩이 싸움이다. 오죽했으면 소설가 브라이스 코트니가 "작가로서 성공의 비결은 무거운 엉덩이"라고 했을까? 앉아 있는 시간만큼 분량이 나온다는 얘기다.

책상에 오래 앉아 있다고 공부 잘하는 것은 아니지만 책 쓰기는 좀 다르다. 책상에 오래 앉아 있을수록 단 한 줄이라도 분량은 더 늘어난다. 물론 글쓰기의 시간은 물리적 시간이 아니라 상념想念의 시간이다. 그러므로 1시간에 1페이지를 쓴다고 10시간에 10페이지라는 공식은 당연히 성립될 수 없다.

10시간에 달랑 1페이지를 쓸 수도 있고 20페이지를 쓸 수도 있다. 그러므로 분량을 뽑는다는 것이 국숫집 면발 뽑듯이 마구 나오는 게 아니다. 집필은 오랜 시간 숙성되어 가슴에서 끓어오른 생각들이 머리를 통해서 넘쳐흐를 때 그것들을 지면에 옮길 수 있어야 한다. 그렇게 곰삭아 숙성된 생각이 차고 넘쳐야 비로소 좋은 글이 나온다. 마른 수건 짜는 기분으로 억지로 짜낸 생각과 비교를 해보면 숙성된 생각에서 나온 글은 반지르르한 기름기가 흐른다. 모든 글이 이렇게 윤기가 흐르면 좋겠지만 정작 글을 쓰는 작가 입장에서도 이러기가 쉽지 않다는 것을 고백한다.

잘 쓰는 것도 중요하지만 일단은 빠르게 많이 쓰는 것이 중요하다. 글이 잘 안 써지는 이유는 시간이 널널하다는 소리다. 간절하게 써야 한다. 본문 집필은 분량이 우선이므로 한 번에 휘몰아치듯 써야 한다. 오늘은 여기까지 내일은 이만큼만이란 없다. 그렇기 때문에 목차와 틀어지는 것이다. 목차와 상관없이 제일 자신 있는 부분부터 쓰면 된다. 가상의 독자를 앉혀놓고 몰아치듯 집필하라. 본문 집필의 최선은 분량이다.

결국에 "기, 승, 전, 글쓰기"가 되어야 한다. 나의 모든 안테나가 우선은 글쓰기에 맞춰져 있어야 한다. 집필은 단거리가 아니다.

긴 호흡으로 가야 한다. 예열단계에서 슬슬 발동을 걸고 끝장을 본다는 생각으로 써야 한다. 노벨 문학상을 수상한 미국의 소설가 존 스타인벡은 "글쓰기는 세상에서 가장 외로운 노동이다."라고 했다. 기본적으로 글을 쓰는 사람이라면 고독과도 친해져야 한다. 지금 첫 문장을 썼는가? 그렇다면 당장 두 번째 문장을 써라.

- ☑ 본문 집필은 장거리 경주이다. 순발력보다는 지구력이 필요하다.
- ☑ 물리적 시간을 최대한 많이 확보해야 한다.
- ☑ 출판사는 당신의 문장력이 아니라 당신만의 콘텐츠를 본다.
- ☑ 곰삭아 숙성된 생각이 차고 넘칠 때 기름진 글이 나온다.
- ☑ 가상의 독자와 마주하라.
- ☑ 몰아치듯 빨리 써라. 본문 집필은 무조건 분량이 우선이다.

얼마나 써야 책이 될까?

맨 처음 혼자 책 쓰기에 대해 연구하던 시절, 가장 궁금했던 것은 분량에 관한 문제였다. 무얼 써야 하는지 어떻게 써야 하는지보다도 얼마나 써야 하는지가 제일 궁금했다. 원고지에 써야 하는지 A4 용지에 써야 하는지도 몰랐던 시절 과연 A4 용지 몇 장을 써야 책이 되는지 궁금했다. 또 A4 용지에 쓴다고 하더라도 폰트^{font}, 글 포인트, 줄 간격 등의 설정은 어떻게 해야 하는지 궁금했다. 누가 알려주는 것도 아니고 혼자서 고군분투했던 시절이었다. 무식하면 용감하다고 했던가? 그냥 무식하게 부딪힐 수밖에. 일단은 시중에 있는 책과 가장 유사한 크기로 써서 인쇄를 한 다음 진짜 책 사이즈와 비교하는 방식이었다. 글자 크기, 줄 간격 등을 수차례 수정하는 시행착오를 거듭했다. 이런 과정을 거쳐 가장 합리적인 방법으로 페이지를 만드는 방법을 스스로 터득했다.

A4 용지에 얼마만큼의 분량을 쓰면 몇 페이지가 나온다가 아니라 실제 책과 똑같은 크기의 지면에 가장 현실감 있는 방법으로 책을 쓰는 방

법을 스스로 터득했다. 알고 보면 간단할 수 있지만 모르면 한참을 돌아가도 찾기가 힘든 방법이다. 그 방법을 여기서 공개한다.

보통 책 한 권을 250~300페이지로 잡는다. 시중에 나와 있는 책들을 보면 대부분이 250~300페이지로 구성되어 있다. 일단 250페이지를 기준으로 생각하면 200자 원고지 1000매, A4 용지 100매글 포인트 10, 줄 간격 160%면 된다. 하지만 요즘은 원고지에 글을 쓰는 사람이 극히 드물기 때문에 A4 용지로만 따져보면 글자크기 10에 줄 간격 160%로 100장만 쓰면 책 한 권이 된다는 얘기다.

이쯤 되면 책의 분량과는 전혀 상관없지만 재미 삼아 기간에 대해서 잠깐 생각해보자. 이미 머릿속으로 계산하는 독자들도 분명 있을 것 같긴 하지만, A4지 100장이면 책 한 권이라! 그러면 매일 1장씩만 쓰면 딱 100일, 즉 석 달 열흘, 매일 2장씩만 쓰면 딱 50일, 채 두 달이 안 되는 시간이다.

하루에 A4 용지 2장 쓰기가 힘들까? 이렇게 생각하면 책 쓰기 별것도 아닌 듯싶다. 불경스럽게도 처음에 내가 했던 생각이다. 하지만 바로 깨달았다. 책 쓰기는 수적 논리로 설명할 수 없다는 것을. 각설하고 다시 분량으로 돌아오면 보통 A4 용지 한 장을 실제 책으로 환산하면 2.5페이지가 된다. 그러니 100장이면 250페이지가 되는 셈이다. 하지만 투고할 때에는 원고의 첨삭 등 출판사의 편집 방향을 고려해 120매 정도가 되어야 한다. 하지만 나는 A4 용지에 글을 쓰지 않는다. 우리가 가장 흔하게 알고 있는 A4 용지는 일명 국배판이라 한다. 한글프로그램에서 편집 용지_{단축키 F7}로 가보면 용지종류_N가 있는데 그 부분을 클릭하면 "A4 용지(국배판) [210×297mm]"라고 되어 있다. 바로 우리가 가장 흔하게 접하는 A4 용지의 사이즈인 것이다.

하지만 나는 신국판_{新菊判}에 바로 집필을 한다. 신국판이란? 가로 152mm_{프로그램에 따라 148mm인 곳도 있으나 집필하는 데는 아무 상관이 없다.} 세로 225mm인 인쇄물의 규격. 또는 그 인쇄물을 말하는데 지금 출간되고 있는 책의 사이즈로 생각하면 된다. 보통 한글프로그램을 열면 A4 용지, 즉 국배판으로 설정이 되어 있는데, 용지종류에서 신국판으로 다시 설정하면 된다.

이때 글 포인트는 10, 줄 간격은 230%로 설정한다. 이렇게 설정된 신국판으로 쓰면 집필하고 있는 한 페이지가 바로 책의 한 페이지가 된다. 복잡한 계산 없이 1:1 정비례이다.

즉 250페이지를 쓰면 실제 책에서도 250페이지인 셈이다. 이렇게 신국판으로 설정하고 글을 썼을 때 가장 좋은 점은 분량에 대한 현실감각을 바로 느낄 수 있다는 것이다.

나 또한 2가지 방법을 다 이용해 집필을 해봤지만 개인적으로 신국판으로 설정하여 글을 쓰는 편이 훨씬 편하다고 느꼈다. 이렇게 A4 용지에 쓰는 방법과 신국판으로 설정하여 쓰는 방법 등이 있으며 본인이 편한 방법으로 설정하여 쓰면 된다. 하지만 신국판으로 설정하여 쓸 것을 강력하게 권해본다. 요즘말로 정말 강추^{강력추천}이다. 이 파트 말미에 참고가 되기를 바라며 실제 사이즈를 비교한 사진을 올려놓았다. 얼마나 써야 한 권의 책이 될지는 충분히 감을 잡았으리라 본다.

간단하게 설명하면 아래와 같은 공식이 성립된다.

- A4 용지 1p = 실제 책 2.5p, 고로 A4 용지 100p = 실제 책 250p
- 신국판 250p = 실제 책 250p

그러면 과연 책 한 권을 쓰는 기간은 얼마나 걸릴까? 위에서 재미 삼아 이미 분량 대비 기간을 간단하게 계산을 해보았지만 좀 더 디테일하게 알아볼 필요가 있다.

계산의 편의성을 위해 5개의 Chapter를 기본적인 목차의 구성으로 보면 각 Chapter 당 8개의 소제목을 둔다. 그러면 전체 40개의 꼭지가 나오는데 대개 한 꼭지당 6~7페이지 정도로 생각하면 된다. 그러면 240~280페이지 정도의 분량이 되는 것이다. A4 용지 경우 2장 반 정도의 분량이면 한 꼭지가 나온다.

앞서도 이야기했지만 매일 A4 용지 2장 반씩을 40일, 2장씩만 써도 50일이면 책 한 권이 나온다는 이야기다. 다시 한 번 말하지만 A4 용지로 계산해보면 확실히 복잡하다. 신국판일 경우는 계산할 필요가 없다. 1:1의 정비례이므로 그냥 6~7페이지를 쓰면 한 꼭지가 나오는 셈이다. 전

● 아래 사진은 같은 분량의 글을 A4 용지와 신국판으로 썼을 때를 비교하였다.

글 포인트 10, 줄 간격 160%, A4 용지에 집필한 1페이지

글 포인트10, 줄 간격 230%, 신국판으로 설정하면 2.5페이지다.

체가 40꼭지이니 신국판 역시 매일 6~7페이지를 쓰면 40일이면 책 한 권이 나온다. 40일에 한 권의 책은 정말 달콤하다. 하지만 하루도 빠지지 않고 매일 A4 용지 2장 반, 혹은 신국판 6~7페이지씩을 쓴다는 것은 결코 로맨틱한 작업이 아니다. 많이 양보해서 이틀에 한 꼭지씩을 쓰면 80일인데 이정도면 훌륭한 편이라고 생각한다.

물론 본인의 역량이겠지만 결코 쉬운 일은 아닌 것 같다. 나는 직장생활을 하면서 주로 퇴근 이후 밤 시간을 이용해서 썼는데 120일 정도가 걸렸다.

☑ **250페이지 기준 A4 용지 100매면 신국판 책이 된다.**

☑ **신국판은 1:1 정비례이므로 250페이지를 쓰면 책이 된다.**

☑ **신국판으로 쓰면 실제 페이지에 대한 현실감각이 생긴다.**

☑ **매일 같은 분량을 뽑는다는 것은 결코 로맨틱한 작업이 아니다.**

꼭 필요한 출간기획서

머리말은 책의 자기소개서라고 했다. 독자와 제일 먼저 만나는 책의 첫인상이다. 반면 출간기획서는 출판사와 제일 먼저 만나는 첫인상이라 할 수 있다. 출판사에 내 원고를 투고하는데 꼭 필요한 요소이다. 혹자는 '출간계획서, 혹은 출간제안서, 출간개요서'라고들 하는데 맥락은 같다고 볼 수 있다. 보통 원고를 완성해서 투고하게 되면 250~300여 페이지가 된다. A4 용지로 하면 100~120장 정도이며 앞서 언급한 신국판으로 하면 250~300장 분량이다. 과연 출판사에서 이 분량을 꼼꼼히 다 읽어보고 검토할까?

글쎄 내 생각은 좀 회의적이다. 내가 원고를 투고했을 때만 해도 1시간 만에 대략 5군데 정도에서 전화와 문자가 왔었다.

이메일까지 합하면 더 많았을 수도 있다. 솔직히 말해서 정말 신기했다. 느긋하게 이틀 정도는 기다려볼 심산心算이었는데 이렇게까지 빨리 연락이 오다니 놀라울 따름이었다. 280페이지 분량의 내 원고를 출판사

측에서 꼼꼼히 다 읽었다고 생각하지는 않는다. 물론 출판사도 나름의 원칙이 있겠지만 그때 나는 출간기획서의 존재감을 비로소 느꼈다.

작가가 출간기획서를 어떻게 쓰느냐에 따라 원고의 가치가 좌우될 수도 있다고 해도 과언이 아니다. 왜 출간기획서를 잘 써야 할까? 왜 출간기획서가 원고의 가치에 직간접적인 영향을 미칠까? 과연 출간기획서는 어떻게 써야 하는지 알아보자.

300페이지를 대변하는 1페이지의 힘

출판사에서 계약을 진행한다는 것은 그만큼 원고가 시장성이 있다는 얘기다. 즉 돈이 될 만해야 출판사에서도 덤빈다.

그렇게 돈이 될 만한 원고임을 한방에 어필할 수 있는 것이 바로 출간기획서이다. 최소한 이 원고가 어떤 원고인지 담당자에게 단번에 어필이 되어야 읽혀도 읽힐 것 아니겠는가? 출간기획서는 정해진 양식이나 형식이 있는 것이 아니다. 주민센터에 비치된 서류신청양식처럼 칸을 쳐서 보기 쉽게 일목요연하게 정리하여 쓰거나 A4 용지에 편지 쓰듯 서술형으로 쓰면 된다. 이름 있는 작가의 경우는 출판사에서 책의 콘셉트를 잡고 출간기획서를 먼저 제시하는 경우도 있다. 하지만 딱히 정해진 형태가 없으므로 작가의 스타일대로 쓰면 된다. 역지사지易地思之라고 했다.

만약 당신이 원고 뭉텅이를 투고 받은 출판사 담당 직원이라면 원고를 파악하기 위해 가장 먼저 무엇을 할까? 더구나 금요일 저녁이라면 이 메일을 열어보기도 전에 짜증이 날 것이다. 하지만 어쩔 수 없이 확인하고 보고를 해야 한다면 무엇부터 봐야 할까?

당신이 약속시간을 지킬 수 있는 유일한 방법은 잘 정리된 출간기획서를 보는 것이다. 출간기획서에는 아주 다양한 요소들을 포함하고 있기 때문이다. 기획의도, 제목, 가제, 원고의 대략적 내용, 독자의 타깃층^{메인 타깃과 서브 타깃}, 경쟁도서, 마케팅 전략, 작가의 프로필 등등이 들어간다. 이 정도면 충분하리라 보는데 더 세밀하게 나누면 예상판매, 예상사양, 마케팅 포인트, 주요카피, 경쟁도서와 차별화된 요소, 핵심 콘셉트, 특이사항, 기획의 배경 등등이 있다. 가능하면 출간기획서는 A4 용지 한 장 정도의 분량이 좋다. 300여 페이지를 대변하는 1페이지이므로 신중에 신중을 기해 작성해야 한다. 꼭 들어가야 할 출간기획서의 구성요소에 대해 알아보자.

기획의도 "이 책은 이런 책입니다. 이런 이유로 책을 썼습니다." 이렇게 책의 전반과 작가의 의도를 충분히 설명해야 한다. 긴 시간을 투자해 이만큼의 원고를 집필한 명확한 이유가 단 몇 줄의 문장으로 담당자에게 전달되어야 한다. 시장성에 대해서는 출판사에서 판단하겠지만 그럼에도 불구하고 독자들이 사 볼 수밖에 없는 이유를 함께 써야 한다. 기획 의도는 출간기획서를 구성하는 가장 핵심적 요소이며 출판사 담당자들에게 가장 빠르고 정확하게 내 원고를 어필할 수 있는 부분이다.

제목과 가제　책의 제목은 정말 중요한 요소이다. 판매와 바로 직결되는 요소이므로 작가나 출판사 모두 이 제목 짓기에 많은 공을 들인다. 작가가 생각하는 제목을 최대한 많이 뽑아서 출판사에 제공하면 된다. 하지만 처음 작가가 의도하는 형태로 나오는 경우는 거의 없다. 나 또한 "월급쟁이 아빠의 부동산경매 성공기"라는 제목으로 투고했는데 결국엔 "난생처음 부동산 경매"로 제목이 바뀌어 출간되었다. 월급쟁이 아빠라는 타깃에 국한시키지 말고 부동산경매를 시작하려는 초보자들 전체로 대상을 넓히자는 출판사 측의 의도였다. 이렇게 제목은 얼마든지 가변적이다. 일단 작가가 생각하는 제목을 출판사 측에 전달하면 된다. 가제 또한 작가가 꼭 의도하는 바가 있으면 충분히 설명하고 이유를 밝히면 된다. 가제는 제목을 충분히 받쳐줄 수 있는 내용이라야 한다.

작가 프로필　보통 출신학교나 직업, 그동안의 업적, 사회적 지위 등이 들어간다. 가장 솔직해져야 할 부분이며 마땅히 내세울 만한 무언가가 없는 사람에겐 참 힘든 부분이기도 하다. 도대체 나는 누구이며 그동안 무얼 하고 살았나? 자신을 한번쯤 돌아보게 된다. 하지만 어려울 것 없다. 남백하게 살아온 배경이나 자기만의 철학을 담아 스스로를 소개하면 된다. 분량보다는 짧고 명료하게 작성하는 것이 훨씬 더 진실성이 느껴진다.

타깃층 분석　출판사와 조율이 이루지는 부분이기도 하지만 작가가 이 책의 콘셉트를 잡을 때 어떤 독자층을 염두에 두고 글을 썼는지를 설명하면 된다. 분명한 독자층을 제시해야 하며 메인 타깃과 서브 타깃 제3의 독자층까지 언급하면 좋다.

위에서 언급한 것 이외에도 더 세부적인 요소들이 있지만 아마 이 정도로 정리를 한다면 출판사에서도 본문을 보기 전에 우선적으로 원고를 파악하는 데 어려움이 없을 것이다.

지피지기知彼知己면 백전백승百戰百勝이라 했다. 우선은 상대방을 알아야 한다. 내 원고가 보내질 출판사는 과연 어떤 곳일까?

원고를 투고하기에 앞서 국내 출판사의 현주소에 대해 알아볼 필요가 있다.

한국출판문화산업진흥원에서 발표한 『2016 출판산업 실태조사』에 따르면 2015년 출판업 매출은 2014년보다 4.8% 감소한 4조 278억 원으로 추산되었으며 출판업 종사자도 3.7% 줄어든 2만 8천 483명으로 잠정 집계되었다.

매출이나 인력현황이 날이 갈수록 불황의 늪에서 허덕이는 꼴이다. 매출이야 워낙에 책을 안 읽는 국민정서에 있다지만 그만큼 독서하는 인구가 줄어듦으로 해서 업계 종사자는 다른 밥그릇을 찾아야 하는 실정으로 내몰리고 있는 것이 현실이다.

검은 뿔테안경에 서류가방을 들고 출판사로 출근하는 모습이 너무나 멋져 보이지만 실상은 그러하지는 않다는 얘기다. 몇몇 대형출판사들이야 정기적으로 책을 출간하지만 그 외 영세한 출판사는 2~3개월에 한 권 혹은 6개월에 한 권을 출간하기도 한다. 과도한 업무는 기본이고 교정교열, 표지디자인, 원고의 검토, 사무실 행정업무, 업계 관계자와의 미팅, 거기다 작가의 요구를 채워주는 해결사의 역할까지 한마디로 멀티플레이어가 되어야 한다.

한때 태백에서는 개도 만 원짜리를 입에 물고 다닌다는 소리가 있을 정도로 석탄 산업이 호황이었던 시절이 있었다. 일을 하면 하는 만큼 충분한 대가가 보장되던 시절이었다. 하지만 앞서 언급한 통계에서도 보듯이 아무리 멀티플레이어가 되어도 지금의 출판업계 상황에서는 박봉에 시달리며 부초처럼 이직률이 높아질 수밖에 없는 것이 현실이다.

상황이 이러한데 격무에 시달리는 출판사 담당자에게 아무런 사전 설명 없이 덜렁 원고 뭉텅이를 던져주면 절대 반가울리 없다. 포장은 비록 껍데기에 불과하지만 본질의 값어치를 올리는 충분한 중간재 역할을 한다.

출간기획서는 어찌 보면 가장 먼저 이 책을 싸고 있는 포장과 같은 것이다. 일부 출판사들은 작가들에게 출간기획서 양식을 보내고 먼저 꼼꼼하게 작성해주기를 요구하는 곳도 있다고 한다. 그렇다. 작가라면 본문의 집필에도 충실해야겠지만 출판사를 유혹하는 출간기획서 작성에도 능해야 한다. 출판사에서 원고를 검토하는 담당자들의 수고들 덜어주어야 한다.

담당자는 어떤 사람들일까? 한마디로 이 업계에서는 도가 튼 사람들이다. 현시점의 트렌드를 가장 정확하게 알고 있으며 단번에 머릿속으로 시장성을 분석하는 능력을 가지고 있다. 그러므로 출간기획서는 어설프게 미사여구 섞어가며 꾸미기보단 있는 그대로를 진솔하게 쓰는 것이 가장 좋다. 머리말로 독자를 유혹하기에 앞서 잘 만들어진 출간기획서로 출판 담당자를 먼저 유혹해보자.

☑ 출간기획서는 원고를 투고하는 데 꼭 필요한 요소다.
☑ 출간기획서는 정해진 양식이 있는 것은 아니다.
☑ 출간기획서는 가장 빠르고 진솔하게 어필할 수 있어야 한다.
☑ 출간기획서는 투고하는 데 최소한의 예의이다.

투고 그리고 계약

지금도 생각난다. 이미 마감된 원고를 이리 굴리고 저리 굴리며 고민했던 그날 밤이, 막상 원고를 마감하고 나니 서운함과 시원함이 동시에 밀려왔다. 투고를 앞둔 시점에서 책 쓰기에 대한 모든 순간들을 떠올리며 만감이 교차함을 느꼈다.

내 컴퓨터에 들어 있을 때는 완벽하게 나만의 것이지만 세상에 뿌려지는 순간 나의 것이 아니게 된다. 말과 똑같다. 입안에 있을 때는 내가 말을 지배하지만 말이 입 밖으로 나오는 순간 나는 말의 지배를 받을 수도 있다. 아름다운 말은 나를 아름답게 하지만 비난의 말은 결국엔 그 비난의 창끝이 나를 향하게 된다.

오랜 시간 집필한 원고가 나에게 어떠한 결과를 가져다줄지는 아무도 모르는 일이다. 최선을 다해 원고를 집필했으니만큼 담담하게 투고하고 결과를 기다리면 된다.

투고에 딱히 정해진 규칙이나 양식이 있는 것은 아니다. 쉽게 생각해서 나의 글을 출판사에 보내는 것이다. 그동안 노력해왔던 시간들을 떠올리며 꼭 책으로 출간되기를 바라는 한 통의 이메일을 보내는 것이다. 투고에 규칙은 없지만 요령은 필요하다.

예전에는 우편으로 보냈겠지만 요즘은 인터넷으로 무차별하게 투고할 수 있는 세상이다. 아동도서를 주로 만드는 출판사도 있고 종교서적만 만드는 출판사도 있고 경제경영 분야의 책을 주로 만드는 출판사도 있다. 출판사마다 주력으로 하는 책의 종류가 있으므로 우선 투고할 출판사의 성향을 알면 유리하다. 내 책과 장르가 맞아 떨어지는 출판사를 찾기란 그리 어려운 일도 아니다. 어느 책이건 판권이 있다. 그곳에는 출판사의 연락처나 이메일 주소가 있다. 우리는 온오프라인 어디서든 책을 접할 수 있고, 자료수집 과정에서 나와 주제가 비슷한 경쟁도서를 읽을 것이다. 이때 출판사를 확보해 놓으면 된다. 스마트폰으로 찍든지 캡처를 하든지 해서 투고할 출판사의 수를 늘려나가면 좋다.

또한 역지사지의 자세로 원고를 받아보는 출판사 담당자의 입장에서 한번쯤 생각해볼 필요가 있다. 대부분의 담당자들은 수없이 많은 원고를 받아볼 것이고 시간의 경계도 불분명하게 격무에 시달리는 경우가 많을 것이다. 보기만 해도 숨이 턱 막히는 300쪽 분량의 원고뭉치들 속에서 옥석을 가려내야 한다. 이런 담당자들의 피로감을 최소화시키며 나의 원고를 돋보이게 해야 한다.

절대 다른 원고들과 뒤섞여 그 밥에 그 나물이 되면 안 된다. 내가 경험해본 바 가장 좋은 전략은 라이트 light 하고 스마트 smart 하게이다. 이메일 내용은 간략하게 쓴다.

"안녕하십니까? 저는 OOO이라고 합니다."로 시작해 OOOO 관련 책을 내기 위해 원고를 투고하였으며 검토를 부탁드리겠습니다. 그리고 좋은 결과로 이어지길 희망한다는 내용의 짤막한 편지를 쓰면 된다. 마지막에는 감사합니다, 정도의 인사와 함께 연락처를 남기면 된다. 최선을 다하여 집필을 하였다는 식의 상투적인 문구는 쓸 필요 없다. 이미 출간 경험이 있다면 이번이 첫 책이 아니라는 언급이나 혹시라도 인지도 있는 작가로부터 지도를 받았으면 작가의 이름을 슬쩍 언급하거나 본인의 특이한 이력을 쓰는 것도 좋은 방법이다.

첨부파일은 출간기획서, 서문, 목차, 본문 정도를 보내면 되는데 앞서 언급했듯, 이때 출간기획서는 매우 중요한 역할을 한다. 주저리주저리 쓰기보다 간략하고 임팩트 있게 써야 한다. 담당자가 단번에 책의 콘셉트나 작가의 의도를 알아차릴 수 있어야 한다.

본문은 완전히 마감하고 보내는 것이 좋다. 혹자는 본문 일부만 보내는 것이 좋다는 사람도 있는데, 각자의 판단이긴 하지만 마감이 완벽하게 끝난 본문을 보내는 것이 출판사로부터 신뢰도를 더 얻을 수 있을 것이다. 특히 초보 작가의 경우는 더욱 그렇다. 완전히 마감된 원고도 없이 무명의 작가에게 투자할 출판사가 있을까?

과연 어떤 출판사가 좋은 출판사일까? 사실 많은 작가들이 대형출판사의 문을 두드리고 또 그곳에서 책을 출간하기를 희망한다. 대표적으로 [시공사], [쌤앤파커스], [창비], [문학동네], [위즈덤하우스], [김영사], [다산북스], [북21] 등 출판사마다 추구하는 콘셉트가 약간씩은 다르지만 2016년 매출액만 보더라도 상위 10위권 안쪽의 대형출판사들이다. 우선 대형출판사는 규모가 크고 업무가 세분화되어 있을 뿐 아니라 독자들에게 지명도가 있다.

영화를 고를 때도 어떤 감독이 만들었나를 먼저 확인하는 관객이 있는가 하면 책을 고를 때도 정해진 몇몇 출판사의 책만 주로 읽는 독자들도 있긴 하다. 독자들이 많이 알아준다는 것은 아무래도 판매에 영향을 미칠 수도 있다. 그래서 작가들은 이런 대형출판사에서 책을 출간하기를 희망한다. 하지만 대형출판사에서 출간한다고 무조건 베스트셀러가 될까? 절대 그렇지 않다. 아무리 대형출판사에서 출간을 한다고 해도 소위 먹히는 콘텐츠가 아니라면 독자들은 지갑을 쉽게 열지 않는다. 초판을 못 파는 경우도 있다.

우선 대형출판사는 이름만 들어도 알만한 유명 저자들의 책을 우선적으로 출간한다. 온오프라인에서 광고도 많이 한다. 사실 거기에 쏟아붓는 광고비도 만만치 않다. 하지만 초보 작가인 경우라면 그만큼의 리스크를 안고 광고를 하지는 않는다. 무명이기 때문에 운이 좋아 팔리면 다행이고 안 팔리면 어쩔 수 없는 것이다.

또 대형출판사와 계약을 했다 하더라도 진짜 책으로 나오기까지 기간이 요원해지기도 한다. 다른 유명 작가의 책에 밀려 오랜 시간 출간이 지연되거나 트렌드가 변하므로 몇 번의 수정작업을 거치더라도 출간이 아예 불투명해지는 경우가 있다. 이러지도 저러지도 못하고 닭 쫓던 개 지붕 쳐다보는 격이 되어버린다. 대형출판사가 무조건 황금알을 낳는 거위는 아니다. 이렇게 일장일단이 있다. 이런 출판사에서 계약을 의뢰해온다는 것은 기분 좋은 일이지만 여러 가지 조건을 꼼꼼히 따져보고 다양한 출판사와도 접촉을 해보는 것이 바람직할 것이다.

러브콜의 진위를 파악하라

이렇게 투고가 이루어지면 짧게는 1시간에서 길게는 2주 정도 사이에 출판사로부터 연락이 온다. 투고하고 1시간 만에 연락이 온다고? 직접 경험을 한 나로서도 아직 믿기지 않지만 충분히 가능성 있는 이야기이다. 여기저기서 다양한 러브콜이 들어오는데 출간 의사가 있는 출판사에서는 조건을 제시하며 적극적인 러브콜을 보낸다.

출간 방향이 맞지 않거나 의사가 없는 출판사는 누가 봐도 단체메일 같은 상투적인 답장이 온다. 하지만 이런 메일도 고마운 것이다. 나도 이런 메일을 받았었는데 "검토해주셔서 고맙습니다."라는 답 메일을 일일이 보냈었다. 아예 연락 자체가 없는 곳도 허다하기 때문이다. 진심을 담아 꼭 해당 출판사와 계약하길 바란다는 내용의 전화를 받기도 하지만 자비출판을 종용하는 출판사의 연락도 심심치 않게 온다.

반드시 알아야 할 것은 원고의 품질을 인정받아 출판사로부터 정상적인 계약을 하고 기획출간을 해야 한다는 것이다. 우리가 책을 쓰는 목표 또한 기획출간이지 자비출판이 아니다. 자비출판은 디자인이나 인쇄 등을 직접 작가가 의뢰하거나 그 분야를 전문으로 하는 출판사에 의뢰를 해서 책을 만드는 것이다. 1,000권 기준 800~1,000만 원 정도가 들어가는데 시대별, 상황별 조금씩의 차이는 있다. 사실 자비출판은 판매 목적이라기보단 주변 지인들에게 책을 나누어주거나 본인의 업적을 남기기 위함이 훨씬 크다고 봐야 한다. 만약 판매를 하고 싶다면 제작을 대행한 출판사에 광고나 마케팅 등을 의뢰해 판매를 하기도 한다.

『엉터리 사학자 가짜 고대사』의 김상태 작가가 오 마이 뉴스에서 자비출간에 대하여 자신의 견해를 밝힌 글 일부를 소개한다.

책 내고 싶은데 어떻게 하지, 라는 질문 자체가 틀린 거예요. 그런 생각을 하는 순간에 이미 자본의 포로가 된 겁니다. 그 마음을 가지는 순간에 많은 출판사들이 "자비출판 한번 해 보시죠?"라는 말을 건넵니다. 〈중략〉
자비출판을 할 사람은 따로 있죠. 집안의 족보를 만든다거나 집안 어르신의 전기를 쓰고 싶은데 나 자신은 글 쓰는 능력이 없다.
이런 경우는 자비출판으로 내는 거죠. 이건 다른 영역이에요. 자기 할아버지 전기를 내려는데, 글이 쓰고 싶어서 내는 것은 아니니까요. 자비출판은 그런 사람들이 하는 겁니다. 내가 글을 쓰고 책을 쓰고 싶다면 절대 자비출판 하면 안 됩니다. 그 순간

▷ 오 마이 뉴스, 『나의 책이 삶이 되다』 中 (2013.8.)

러브콜의 종류도 각양각색인데 진짜 계약 의사가 있는 출판사는 합리적인 선에서 조건을 제시하고 당당하며 친절하게 접근한다.

반면 책을 찍으면 작가가 몇 부를 판매할 수 있냐고 물어본다거나 아예 작가가 몇 부를 사겠냐고 물어 보는 곳도 있다. 일종의 마케팅이라며 작가가 300여 권 정도는 소화를 해줄 것을 강요하기도 한다. 방법도 다양하다. 나의 경우는 원고의 70% 정도를 뜯어 고치지 않으면 출간이 어렵다, 하지만 인쇄비 정도만 충당해 준다면 해당 출판사에서 출간은 물론 광고까지 책임지겠다는 연락도 받았다. 어불성설語不成說도 이 정도면 프로급이구나 싶었다.

이때 느꼈다. 원고는 투고와 동시에 상품이 된다는 것을, 긴 시간 고민했던 노력의 결정체였는데 투고와 동시에 주판알을 튕기는 상품이 되었다. 그렇기에 계약서에 도장을 찍기 전에 출판사의 규모나 성향을 잘 파악하고 담당자와 충분히 만남의 시간을 가질 필요가 있다.

긍정적으로 검토하고 연락드리겠습니다

아무리 기다리고 불러보아도 소리 없는 메아리가 바로 이 "긍정적으로 검토하고 연락드리겠습니다."이다. 대부분의 출판사들은 원고를 해당 출판사에만 투고한 것이 아니라는 것 정도는 짐작하고 있다. 그러므로 원고가 진짜 좋으면 다른 출판사에서 먼저 낚아챌 가능성도 충분히 염두에 두고 있다. 그럼에도 불구하고 "긍정적으로 검토해보겠다."는 것은 정중하게 예를 갖추어 거절한 것이다.

즉 "당신의 원고는 우리 출판사와는 방향이 맞지 않으니 출판을 할 수가 없습니다."라는 뜻인데 초보 작가들은 내 원고를 긍정적으로 검토하려는구나 하고 곧이곧대로 받아들인다. 시간이 지나면 무슨 뜻이었는지 알게 되지만 투고를 하는 작가라면 거절에도 익숙해야 한다. 첫술에 배부를 수 없고 무명의 서러움은 그렇게 찾아온다.

41개 언어, 170개 제목으로 출간되어 세계적인 베스트셀러가 된 책이 있다. 작가 마크 빅터 한센과 카운슬러 잭 캔필드가 함께 집필한 『영혼을 위한 닭고기 수프』이다. 이 책도 무려 350번이나 거절당했던 책이다. 『꿈꾸는 다락방』, 『리딩으로 리드하라』의 저자 이지성 작가 역시 불과 몇 년 전만 하더라도 무명작가였었다. 하지만 지금은 많은 출판사에서 그의 원고를 애타게 기다리고 있다. 『폰더 씨의 위대한 하루』의 저자 앤디 앤드루스는 『뉴욕타임스』 베스트셀러에도 오른 세계적으로 인정받는 작가이지만 역시나 3년간 51군데에서 출간을 거절당해야 했었다.

더 이상 언급이 필요 없는 책 『해리포터』의 조앤 K 롤링도 역시 많은 출판사로부터 거절을 당했었다. 하물며 노벨문학상을 수상한 『대지』를 쓴 미국의 소설가 펄 벅 또한 무려 18군데에서 출간을 거절당했었다.

초보 작가인 당신의 원고가 출판사로부터 외면받는 것은 어찌 보면 당연한 결과일 수도 있다. 하지만 작가의 꿈을 버리지 말고 계속 출판사의 문을 두드려야 한다. 더구나 글쓰기를 전업으로 하는 초보 작가들은 더 힘든 시간이 될 것이다.

역시 『엉터리 사학자 가짜 고대사』의 김상태 작가가 오 마이 뉴스에서 인터뷰한 내용의 일부를 발췌하여 옮겨보았다. 실제로 나는 이 글을 보고 많은 용기를 얻었고 촌철살인寸鐵殺人의 정신을 느꼈다. 지금 글을 쓰는 초보 작가들의 어깨를 토닥이는 응원의 글이 되기를 기대한다.

우선 완성해보는 게 중요합니다. 완성해보면 다릅니다. 달라요. 그리고 냉정하게 출판사에 열 군데 백 군데 돌려야 합니다. 그리고 출판사한테 모욕받는 겁니다. 기꺼이요. 그리고 또 쓰는 거죠. 하하하. 이게 자신감이죠. 솔직히 모욕받는 것이 당연합니다. 모욕받는 것은 대중들이 일상을 살아나가는 방법이에요. 〈중략〉
황석영 같은 대가가 원고를 쓰면 다들 빌면서 원고를 달라고 하겠죠.
대중이 원고를 쓰면 누가 예뻐하겠어요? 목표를 정확하게 설정하고, 자신의 역량을 명확하게 판단하고, 완성시키고, 그 다음에 책으로 안 나오면 그냥 원고를 베개로 베고 자는 겁니다. 기꺼이 모욕당하고 모욕당하는 것을 즐겨야죠. 출판사에 보낼 때 이메일로 보내는 데 돈도 안 들잖아요? 막 보내요. 그래도 끝까지 연락이 안 오면, 뭐 딴 거 쓰는 거죠. 하하하. 이 자신감이 있어야 돼요. 깡다구 말이에요. 뭐 안 되면 그만이잖아요.

▷ 오 마이 뉴스 『나의 책이 삶이 되다』 中 (2013.8.)

초보 작가들은 출판사와의 만남이 다소 어색하고 부담스러울 수 있 겠지만 당당하게 질문하고 요구해야 한다. 평범한 가정주부나 학생 혹은 일반 직장인들 경우는 계약서를 앞에 놓고 조건을 타진하는 일명 비즈 니스를 해본 적이 없다. 하지만 책을 출간하기 위한 계약은 철저한 비즈 니스이다. 절대 인간관계가 아니다. 잘못된 계약은 어디에도 호소하기가 힘들다. 오랜 시간 고생하며 쓴 원고의 가치를 놓고 진행되는 비즈니스인 만큼 신중해야 한다.

좋은 출판사가 대부분이지만 그렇지 않은 출판사도 분명히 있다. 궁 금하면 물어봐야 하고 모르면 알아야 한다. 나는 계약서에 출간시기와 인세 정산시기를 따로 설정해 특약사항을 요구하기도 했다. 계약서상 저 자가 "갑"이고 출판사는 "을"이다.

하지만 초보 작가들은 이런 경험이 처음이므로 실질적으로 "을"의 입 장이 된다. 물론 저자의 입장을 충분히 존중하는 출판사도 많지만 작가 가 개입하면 업무가 느려지다는 이유로 업무의 원활한 추진을 위해 우선 은 작가를 배제하고 통보하는 형태를 취하는 곳도 있다. 나의 전작인 『난 생처음 부동산경매』도 제목이나 표지디자인은 출판사에서 일방적으로 통보를 했다.

계약금과 인세도 작가의 지명도에 따라 달라지는데 보통 초보 작가라 면 10% 아래로 책정된다. 대부분 6~8% 정도의 인세로 계약을 한다. 출판사마다 다소 차이가 있지만 보통 계약 시 인세의 일부를 계약금으로 받고 책이 나오면 나머지 잔금을 받는다. 계약금과 인세도 중요하지만 출간시기도 중요하다. 출판사가 오직 내 책 한 권을 위해서 일하는 곳이 아니다. 또 선거나 여름휴가 등 사회적 상황을 고려하여 출간시기를 결정하므로 출간이 요원해지는 경우가 있다. 그렇다고 작가는 마냥 기다릴 수만은 없는 상황이다.

계약이 이루어지면 대개 빠르면 2개월에서 늦어도 6개월 안으로는 출간이 이루어져야 한다. 또한 잔여인세 지급기한, 작가에게 주는 증정부수, 원고 수정범위, 제목선정이나 표지디자인 제작 참석여부, 초판인쇄수량, 시중 판매금액 등이 충분히 논의되어야 한다. 어차피 사람과 사람 사이에 하는 일이라 서로가 온전히 만족할 수는 없겠지만 조금씩 양보하고 이해하는 선에서 원만히 합의가 되어야 한다.

출판사가 하자는 대로 끌려가면 안 된다. 저자는 출판사에게 완성된 원고와 출판권을 주어야 하고 출판사는 저자에게 출간과 판매, 판매에 따른 인세를 지급해야 한다. 계약은 비즈니스다.

계약을 했다고 해서 다된 것은 아니다. 이제는 출판사와 밀당이 남았다. 사실 이 부분이 책을 쓰는 것만큼이나 힘들 수도 있다. 책을 쓰는 동안은 단순히 나와의 싸움이었다면 이제 상대는 출판사이다. 나와 계약을 했으므로 일단은 우호적인 관계가 성립되었겠지만 출간을 앞두고 여러 부분이 부딪힐 수 있다. 우선은 책의 내용에 대하여 수정의 폭에 따라 작가와 출판사는 한번 부딪힌다. 절대 양보할 수 없는 작가의 자존심이기도 하고 출판사 입장에서는 약간의 수정으로 판매부수를 좀 더 늘려 보려는 계산이다.

자존심과 상업성이 팽팽히 한번 맞선다. 표지디자인이나 책의 제목도 합의점을 찾기는 요원하다. 특히 제목은 정말 쉽게 갈 수도 있겠지만 끝까지 자존심 싸움하다 출간이 결렬되기도 한다.

나의 경우는 이러했다. 출간을 한 달여 앞둔 어느 날 출판사로부터 표지디자인과 제목을 메일로 받았다. 기대에 부풀었지만 막상 열어본 반응은 솔직히 "글쎄" 정도였다. 몇 번의 진지한 대화가 오갔지만 결국에는 출판사의 의지대로 책을 출간하게 되었다. 결과적으로 그렇게 나쁜 선택은 아니었지만 아직도 약간의 아쉬움은 남아 있다.

계약은 출판사와 작가의 비즈니스임을 명심해야 한다.

- ☑ 투고에 딱히 정해진 규칙이나 양식이 있는 것은 아니다.
- ☑ 담당자들의 피로감을 최소화시켜 원고를 돋보이게 해야 한다.
- ☑ 대형출판사라고 무조건 베스트셀러가 되는 것은 아니다.
- ☑ 원고의 품질을 인정받아 반드시 기획출간을 해야 한다.
- ☑ 출판사의 립서비스 진위를 알아야 한다.
- ☑ 계약은 출판사와 작가의 비즈니스이다.

Chapter 5

무엇이 내 책을 좌우하는가?

여기까지 오시느라 수고 많으셨습니다. 아울러 당신의 첫 책을 축하드립니다. 하지만 조금 불편한 이야기도 해야 할 것 같습니다. Chapter 5, 이 파트에서는 애프터서비스 같은 이야기를 합니다. 세상에 나의 책이 나왔습니다. 누구보다도 당신은 당신 책에 대하여 가장 잘 아는 사람입니다. 그렇기 때문에 뿌듯하기도 하고 안타깝기도 하고 여러 감정이 교차할 것입니다. 환희보다는 걱정이 앞설 겁니다. 저는 그랬습니다. 과연 내 책이 돈을 지불하고 사볼 만한가? 독자들에게 충분히 도움이 될까? 많은 생각이 들었습니다. 또 책을 출간하고 주위의 다양한 반응도 함께 담았습니다.

고마움과 서운함이 뒤섞인 묘한 기분이었습니다. 책은 계속 집필되어야 합니다. 세상에 책을 안 쓴 사람은 있어도 한 번만 쓴 사람은 없을 것입니다. 시류에 현혹되지 말고 본인의 중심을 반듯하게 잡아나가길 바랍니다. 당신은 훌륭한 작가로 충분히 롱런할 수 있습니다. 대망의 마지막 파트 시작합니다. ▷

타깃을 정하고 타이밍을 저울질하라

드디어 그렇게 바라던 나의 책이 세상이 출간되었다. 만감이 교차한다. 내 경우는 환희보다는 걱정이 앞섰다. 혹시라도 틀린 부분이 나온다거나 내 글을 남들이 어떻게 생각할까? 등등 엄청나게 신경이 쓰였다. 다행히 아무런 문제도 발생하지 않았지만 책이 출간되고 몇 주 동안은 마음을 졸이며 살았던 것 같다.

책을 준비하는 사람 가운데 본인이 책을 내면 모든 사람이 살 것이라는 생각을 가진 사람들이 있다. 반드시 베스트셀러가 될 것이라는 확신에 차 있는 사람도 있다. 물론 안 되리란 법도 없지만 사실 희망에 불과한 이야기인 것 같다. 처음 책을 쓰는 초보 작가인 만큼 작가로서 인지도가 없다. 과연 어떤 이가 내 책을 사기 위해 지갑을 열 것인가? 우리는 이 문제에 대하여 많은 생각을 해야 한다.

뭉뚱그려 광범위한 내용을 쓴다고 해서 많은 사람이 관심을 가져주지 않는다. 정확한 타깃이 있어야 한다. 누가 읽을 것인가가 명확하지 않으면 내용도 모호해지고 성공보다는 실패에 가까운 책이 되어버린다. 많은 사람들로부터 관심받기를 원하나 기획된 책은 반대로 어느 누구도 관심을 갖지 않는 경우가 더 많다. 특히 요즘은 독자들의 관심분야가 너무나 뚜렷하기 때문에 더더욱 세분화하여 집필하여야 한다.

　　『마흔 제갈량의 지혜를 읽어야 할 때』
　　『20대에 하지 않으면 안 될 50가지』
　　『나는 워킹맘입니다』
　　『초등학교 입학 전 부모숙제 50가지』
　　『꿈이 있는 아내는 늙지 않는다』

위의 책들을 보라. 이 사회의 중추인 40대를 겨냥했고, 사회에 첫발을 내딛는 20대를, 그리고 육아와 직장에 지친 워킹맘을, 취학 전 아동을 둔 부모를, 그리고 삶에 지친 아내를 타깃으로 염두에 두고 집필하였다. 실제로 『꿈이 있는 아내는 늙지 않는다』는 내가 아내에게 선물한 책이기도 하다. 이렇게 타깃층이 분명해야 한다.

시중에는 여행에 관한 책이 많이 나와 있다. 한때 자기의 여행기를 책으로 내는 것이 유행처럼 번졌었다.

시원한 사진과 함께 지구 반대편의 이야기를 만날 수 있다는 것은 독자들에게도 행운이었을 것이다. 한때 출판업계의 블루오션이었으나 이제는 넘쳐나는 추세다. 이런 상황에 여행에 관한 책을 쓴다면 반드시 차별화가 필요하다. 뭉뚱그려 세계여행보다는 범위를 좁혀야 한다. 인도나 스페인처럼 한 나라에 국한해서 집약적으로 쓰는 것도 좋은 방법이다. 얼핏 생각해보면 세계여행에 관한 책이 더 많이 팔릴 것 같지만 절대 그렇지 않다.

인테리어에 관한 책을 쓰는데 아름다운 인테리어, 실용적인 인테리어 정도라면 아무런 메리트가 없다. 아파트, 개인주택, 전원주택 등 주거공간 인테리어라든가 식당, 미용실, 학원 등 상업공간 인테리어, 관공서, 요양시설, 학교, 병원 등 공공시설 인테리어 등 이렇게 세분화하여 한 분야에 집중하는 것이 훨씬 강하게 어필할 수 있다.

백과사전식으로 마구 늘어놓는 방식은 바람직하지 않다. 한 분야에 집중하고 독자의 입장에서 써야 한다. 주구장창 내 이야기만 늘어놓아봐야 말 그대로 개똥철학에 지나지 않는 경우가 있다. 독자가 무엇을 궁금해 할까? 정확한 독자의 니즈를 파악해야 한다. 그러기 위해선 내 책을 읽을 독자층을 미리 정해놓고 그들에게 말하듯 써야 한다. 연중 출간되는 경제경영서 가운데 단연 부동의 1위를 고수하는 주제는 바로 세일즈이다. 어찌 보면 대한민국 직장인이 모두 세일즈맨이 아닐까? 그렇다면 독자의 폭은 상당히 광범위하다고 볼 수 있다. 하지만 내가 세일즈 관련 책을 쓴다고 해서 모든 세일즈맨들이 관심을 가져줄까?

애당초 이런 생각은 접어야 한다. 세분화하고 타깃을 좁혀야 한다.

세일즈맨이라는 광범위한 대상에게 어떤 이야기를 해야 할까?

첫째, 고전에서 배우는 손자병법 식 세일즈맨의 살아남기

둘째, 외국어나 업무 능력 등 세일즈맨들의 스펙 쌓기

셋째, 세일즈맨 사회의 인적구성에 대한 그들만의 처세술

넷째, 전설적인 세일즈맨들의 무용담에 관한 흥미진진한 이야기

다섯째, 『미생』처럼 시대상을 반영한 현실의 이야기

이런 식으로 명확한 테마가 있어야 한다. "세일즈란 무엇인가?"처럼 뭉뚱그려 쓰면 모든 세일즈맨이 관심을 가져줄 것 같지만 절대 그렇지 않다. 출간과 동시에 관심 밖으로 사라질지도 모른다. 메인 타깃과 서브 타깃 그리고 제3의 독자층까지 잘게 쪼개어 냉정하게 이 책의 독자층을 염두에 두고 책을 써야 한다.

가능하면 메인 타깃과 서브 타깃 그리고 제3의 독자층까지 지갑을 열수 있는 가능성을 열어 두어야 한다. 출판사나 작가가 전혀 예상하지 못했던 층에서 더 많은 판매부수를 기록한 책들도 많다.

중년 아빠들을 메인 타깃으로 부동산경매 책을 썼지만 책이 쉽다는 이유로 경매를 배우려는 주부나 젊은 층들이 더 많은 관심을 가질 수도 있다. 간과할 수 없는 제3의 독자층이다.

출간한 지 한 달여 만에 40쇄를 넘긴 책이 있다. 물론 이 책은 이후로도 롱런하여 엄청난 판매를 기록했었다. 작가로서 정말 부러운 일이 아닐 수 없다. 당시 내 주변에도 이 책을 읽는 사람이 꽤 있었다. 나는 이책을 출간한 B출판사의 마케팅부장과 이야기를 나눌 기회가 있었다. 물

론 이 책 때문에 만난 것은 아니지만 업무적인 이야기를 마치고 이 책에 대하여 사적인 질문을 했다. 책을 쓰는 사람으로서 이런 폭발적인 판매고가 무엇인지 그 비결이 너무 알고 싶었기 때문이었다. 이 책은 경제 관련 서적이라 그렇게 보편적이지도 않은데 이렇게까지 폭발적으로 책이 나갈 수 있는 이유가 도대체 무얼까? 너무나 궁금했다.

"우선은 책 내용이 좋아야 합니다. 그리고 작가도 어느 정도 인지도 있는 사람이라야 하구요. 우리가 책을 띄울 때 광고를 하는데 책이 어느 정도 나가면 책 자체에 자생력이 생깁니다. 즉 여기저기서 책에 대한 리뷰가 올라오고, 언론에서는 화제의 책이니, 몇 만부가 나갔느니, 하며 관심이 집중됩니다. 자동으로 광고가 되는 셈이죠. 그러면 대중들은 조급해집니다. 꼭 내가 읽을 책인가 아닌가의 판단이 흐려지고 무조건 사야 할 것처럼 생각합니다. 그런 조급한 마음이 구매로 이어집니다. 그 순간의 트렌드가 되어버리는 것이지요. 사실 이 책이 그리 쉬운 책은 아닙니다. 아마 책을 사신 분들 가운데 끝까지 다 읽지 않은 사람도 제법 있을 겁니다."

사실 나도 이 책을 읽으면서 내용이 어렵다고 생각했었다. 하지만 이렇게까지 판매가 된 이유를 보면 메인 타깃과 서브 타깃을 넘어 조급해진 대중들 즉 제3의 독자층까지 판매에 일익을 담당한 것 같다. 분명한 한 가지는 당신의 책이 반드시 돈 주고 사볼 만한 가치가 있어야 한다.

혜민 스님의 『멈추면 비로소 보이는 것들』은 메인 타깃이 있을까? 이 책은 내 집을 멋지게 꾸미려는 가정주부도, 세일즈맨도 그리고 경매를 공부하려는 사람도, 모든 층이 독자가 될 수 있다. 아마 이 시대에 힐링을 원하는 누구라도 이 책의 독자가 될 것이다. 이처럼 불특정한 다수가 타깃이 되는 경우도 있다. 어찌 보면 타깃이 없다고 볼 수도 있겠다. 하지만 여러분은 특정한 소수의 분명한 타깃을 정하고 책을 쓰기 바란다.

"최순실 게이트 영향, 독서인구 줄어 출판사 울상 … 지성이 실종된 대한민국 웃픈 현실" 이라는 주목해볼 만한 기사가 나온 적이 있다.

"각 업체 대표들은 최순실 게이트가 제대로 터진 2016년 10월 말부터 매출이 점차 줄어들더니 최순실 귀국과 최순실과 관련된 각종 혐의가 터져 나온 11월 중순부터는 최대 50%까지 매출이 떨어지는 충격적인 결과가 나왔다." "한 출판업체 대표는 한 업체에 국한된 문제가 아닌 출판계 전체의 위기라며 국민 독서량이 원체 적었지만 최순실 게이트라는 흥미진진한 소재가 생기면서 국민의 눈과 귀가 최순실 관련 보도하는 언론에 쏠려 있다고 진단했다."

위 기사는 2017년 1월 25일 『금강일보』에 실렸던 내용을 일부 발췌하였다. 책을 쓰는 사람이라면 많은 생각을 하게 하는 기사다. 이처럼 책을 출간하는 타이밍Timing은 정말 중요한다. 최순실 게이트는 단순한 국정농단을 넘어 국민들의 마음에 엄청난 상처를 남긴 정말 큰 사건으로 기록된다. 이런 준엄한 시기 국민들의 눈과 귀는 온통 언론 보도에만 집중되어있지, 다른 것들을 생각할 만한 여유가 있을 리 만무하다. 아무리 훌륭한 저자가 내공이 있는 책을 내놓아도 사람들로부터 외면받을 가능성이 크다.

하지만 현 상황과 교묘히 맞아 떨어져 생각지도 않게 베스트셀러의 반열에 오르는 경우도 있다. 출판업계에서 말하는 대표적인 책이 몇 권 있긴 하지만 제목까지 언급하진 않겠다. 여담이긴 하지만 출판가에서는 이런 현상을 그 책의 팔자라고 한다.

나 또한 출간시기를 놓고 많은 고민을 했었다. 3월에 원고가 최종 계약이 되고 5월 출간을 예정했으나 다들 아시겠지만 소위 "장미대선"이라 하는 제19대 대통령 선거가 있었다. 2017년 5월은 대한민국 국민들 모두가 한곳으로 시선이 집중될 수밖에 없는 상황이었다. 이런 시기에는 아무리 좋은 책을 내놓아도 당연히 독자들의 관심 밖으로 밀려버릴 수밖에 없다.

출판사와의 조율 끝에 새로운 정부가 들어서고 국민들이 일상으로 복귀하는 시점인 6~7월 정도에 출간하기로 했다. 사랑은 타이밍이라고 했던가? 사랑뿐만 아니라 책의 출간시기 또한 타이밍이 상당히 중요하다.

☑ **정확한 타깃을 정해놓아야 한다.**

☑ **메인타깃, 서브타깃, 제3의 독자층으로 세분화해야 한다.**

☑ **책을 출간하는 타이밍은 정말 중요하다.**

출간 비용 얼마나 들었냐?

　세상에 책이 나옴과 동시에 주변으로부터 다양한 반응들이 나온다. 어찌 보면 그 반응들은 그동안 내가 세상을 어떻게 살아왔는지 나를 비춰주는 거울이기도 하다는 생각이 들었다. 참 많은 변화들이 생기는데 우선은 주변인들의 시선이 조금은 달라짐을 느낀다.

　하루아침에 슈퍼스타가 된 건 아니지만 그래도 평범했던 캐릭터가 이젠 제법 그 분야에 전문가로서 인정을 받게 된다.

　면구스럽기 짝이 없지만 부동산경매에 관한 책을 내고 주변으로부터 "전문가가 여기 있었구먼."이란 소리를 제법 많이 들었다. 반면 그동안 몇 건이나 낙찰 받았느냐? 돈은 얼마나 벌었느냐? 는 식으로 책의 내용 보다는 개인의 궁금증에 대하여 거침없는 돌직구성 질문이 들어오기도 한다. 또 책을 낸 것에 대하여 산고産苦와 비교하며 정말 대단하다, 아무나 할 수 없는 일을 해냈다고 격려해주는 사람들도 많았다. 무엇보다 SNS의 위력을 실감하였다. 초·중·고 동창들이 격려의 글을 남겨주었고 구매로도 이어졌다. 너무 오랜 시간이 흘러 솔직히 누군지 모르는 동창도 있었지만 일일이 프로필사진이나 졸업앨범을 찾아보고 확인했었다.

"솔직히 기억이 가물가물해서 누군지 몰랐는데 졸업앨범을 찾아보고 확인했다. 정말 고맙다. 많은 힘이 된다."라고 답 글을 남기기도 했다. 이렇게 세상에 책을 내놓으면 내 주위에 차분히 가라앉아 있던 삶의 조각들이 훅 하고 한번 들썩여지는 느낌을 받는다. 책이 나오고 본격적으로 광고가 되고 SNS상에서 알려지면서 다양한 사람들로부터 많은 격려를 받았지만 무엇보다 자식으로서 부모님이 좋아하는 모습을 본다는 것이 가장 흐뭇하고 보람된 일이었다. 나도 자식을 키우지만 세상에 자식 잘되는 것만큼 기쁜 일이 어디 더 있을까? 엄마는 매번 전화해서 책에 대한 의견을 들려주시는 나의 첫 번째 모니터가 되어주셨다. 그리고 중학교 2학년 딸아이는 아빠가 자랑스럽다고 했다. 책 한 권 쓰고 얻은 너무나 소중한 선물이었다. 이렇게 가족의 지지와 격려는 언제나 뿌리에서부터 나를 버티게 하는 힘이 된다.

하지만 항상 좋을 수만은 없다. 별 볼일 없던 사람이 온·오프라인에서 책이 판매되고 당당히 저자로서 이름이 알려지면 주변으로부터 시기와 질투의 대상이 되기도 한다.

진짜 이 책을 직접 쓴 것이 맞을까? 라는 의혹을 받기도 하고 책 속의 이야기에 대하여 신빙성을 의심받기도 한다. 자격증(?)도 없으면서 무슨 책을 썼냐는 다소 이해할 수 없는 소리를 하기도 했다. 언제부터 책 쓰기에 자격증이 있었을까? 하지만 단지 지나가는 바람이라 생각하면 그뿐이다. 집필과정이나 내용이 당당하게 작가 본인의 것이라면 전혀 신경 쓸 것 없다. 이러한 시기와 의혹은 한순간 손가락 사이 모래처럼 빠져나가 사라져버리고 만다.

"나 책 한 권만 줘봐."
"원래 사인해서 한 권씩 돌리는 것 아냐?"

작가가 책을 내고 가장 듣기 싫은 소리 가운데 하나가 바로 이런 소리들이다. 물론 반은 농담이겠지만 참 안타깝다. 작가는 집에 책을 쌓아놓고 있는 걸로 인식하는 사람도 있다. 작가는 출판사로부터 5~10권 정도 책을 제공받는다. 이 책은 부모님을 포함한, 정말 인사드려야 할 지인들이나 광고에 도움 주실 분들에게 나누어 드린다. 그러므로 정작 작가도 별로 책이 없다. 꼭 필요한 부분이라면 사서 충당하는 수밖에 없다. 이러한 상황을 충분히 설명했음에도 그까짓 책 한 권 못 주냐는 식으로 야박하다는 소리까지 듣는다. 이렇게 작가는 집에 책을 쌓아 놓고 있는 사람으로 여기는 사람이 의외로 많다. 친구들은 대부분 진심으로 축하하며 꼭 책을 사서 읽어보겠다고 격려를 하지만 어떤 친구는 무조건 사인해서 책을 보내라는 친구도 있었다. 비록 내가 작가이긴 하지만 나 또한 책을 사야 한다고 말하면 SNS와 인터넷 카페 등에 광고를 해줄 테니 쩨쩨하게 굴지 말고 책 몇 권 보내라는 막무가내 친구도 있었다. 오히려 책 몇 권 보내고 광고되면 더 좋은 것 아니냐는 식이었다.

진짜 필요하다면 내가 몇 권 사서 보낼 수도 있다. 하지만 이런 사람들은 절대 책을 끝까지 읽지 않는다. 아예 독서와는 담을 쌓은 사람이라고 봐도 무방하다. 1년이 지나도 책 한 권 읽지 않는, 이런 사람들이 책을 요구하는 심리는 딱 하나 호기심이다. 주변에 너무나 친숙하게 잘 아는 사람이 책을 낸 자체가 신기할 뿐이다. 그러므로 머리말 정도를 휙 읽어보고 책은 그냥 사장되고 말 것이다. 돈 내고 사보기엔 아깝고 한 권 얻어 책을 확인하는 정도일 것이다. 작가에게 있어서 책이란 자식과도 같은 존재이다. 내 몸의 일부처럼 소중하고 존귀한 존재다. 한편으로 대견스럽기도 하고 또 한편으론 안타깝기도 하고 속속들이 잘 알고 있다 보니 만감이 교차하는 결정체이다. 이렇게 고락苦樂을 함께하며 만들어진 책이 도매금으로 넘어가는 것은 작가 입장에서는 당연히 싫다.

그러므로 너무나 쉽게 "한 권 줘봐."하는 말 한마디는 작가의 마음을 불편하게 만든다. 무엇보다 책을 끝까지 읽을 것이 아니란 걸 뻔히 알기 때문에 더 불편하다. 나는 술을 사라면 사겠지만 책이 진짜 읽고 싶으면 책은 사서 읽으라고 말한 적도 있다.

"출간 비용 얼마나 들었냐?"

책의 출간과 함께 본격적인 광고가 시작되고 출근한 어느 날 선배의 첫마디였다. 질문에 참 기분이 울컥했었다.

"출간하는데 무슨 돈이 들어요? 돈 안 듭니다."

다소 퉁명스럽게 대답했다. 하지만 책 쓰기 자격증 운운하는 사람보다는 훨씬 양호한 질문이었다. 출판의 개념을 모르다 보니 사실 이 정도는 애교로 봐줄 수 있다. 이렇게 출간하는데 비용이 얼마나 들었냐고 물어보는 사람이 의외로 많았다. 이런 이들에겐 우선 자비출간과 기획출간의 차이를 설명해준다.

그리고 나의 경우는 출판사로부터 정식계약을 하고 출간을 했다고 하면 "우와 제법인데" 하는 시선으로 다시 나를 바라보기도 했다. 그제서야 진짜 신기해하며 책을 쓴 것이 맞긴 맞구나 라고 생각했다.

책이 나오고 다양한 질문의 유형에 대해서는 아래에 다시 한 번 정리해 놓았다. 이렇게 세상에 나의 책이 나오면 대부분은 호의적이지만 까칠하게 질책하는 경우도 왕왕 있다. 진심으로 축하해주며 정중하게 사인을 부탁하는 사람도 있지만 이렇게 막무가내로 책을 요구하거나 비용을 물어보는 사람도 있다. 하지만 좋든 싫든 관심을 가져준다는 것에 이런 모든 것들이 고맙고 소중하게 느껴졌다. 그들의 의견 하나하나를 마음에 깊이 새겼다. 앞서 언급했듯이 그 반응들은 그동안 내가 세상을 어떻게 살아왔는지 나를 가장 잘 비춰주는 거울이기 때문이다.

책이 나오고 가족의 소중함과 인간관계에 대하여 깊이 생각하게 되었다. 좀 더 세심하게 귀 기울이고 좀 더 겸손하게 자신을 낮추는 자세를 배운다. 출간이 갖는 의미는 단순히 책 한 권이 아니라 다시 한 번 주변을 돌아볼 수 있는 좋은 계기가 된 것 같다.

직장생활을 하지 않으면 내가 책을 낸 것을 크게 알릴 만한 곳이 별로 없다. 우선은 가족과 친척, 그리고 친구를 비롯한 주변의 지인들, 내가 활동하고 있는 모임이나 단체 정도일 것이다. 하지만 매일 만나는 사이가 아니므로 그들로부터 바로 바로 피드백이 돌아오지는 않는다. 하지만 직장생활을 하면 이야기가 달라진다. 오랜 시간을 함께 해온 너무나 친숙한 동료 선후배들이다. 이렇게 매일 함께 업무를 하고 소주잔을 기울이던 친숙한 동료 가운데 한 명이 책을 출간했다는 소식은 놀라움과 함께 호기심의 대상이 된다. 한마디로 책을 출간했다는 경외심보다는 "진짜 네가 책을…?" 딱 이 정도의 원초적인 질문이 들어온다.

나는 2017년 7월 1일부터 개인 SNS 등에 광고를 했다. 출판사에서 전후 사정을 따져서 날짜를 그렇게 지정해 주었다. 비로소 내가 책을 냈다는 것이 공식적으로 주변에 알려진 셈이다.

많은 사람들이 놀람과 함께 격려와 응원의 메시지를 보내왔다.

이렇게 책을 내고 많은 사람들의 주목을 한꺼번에 받게 되면 많이 어색하고 위축이 된다. 20년 가까이 다니는 직장인데도 어제와는 사뭇 다른 느낌이 된다.

지금 생각해보면 우습지만 그 시절 나는 회사 정문을 통과하면서 "절대 우쭐해서는 안 된다. 무조건 겸손하자."를 마음속으로 다짐했었다. 만

나는 사람들마다 출간에 대한 이야기를 하며 축하해주었다. 이 시기 안 팎으로 참 다양한 질문들을 받았었다. 그저 궁금증이나 해소할 요량으 로 가볍게 던지는 질문부터 책 내용의 일부분을 깊이 파고드는 진정성 있는 질문까지 참 다양했다. 당시 말하지 못했지만 질문에 대해 짧은 생 각을 적어보았다.

● 진짜 네가 쓴 거 맞아?

이 질문은 정말 울컥하게 만들었다. 작가의 면전에 대고 할 수 있는 질문이 아니다. 일고의 가치도 없는 질문이지만 그냥 미소 지으며 "네 제 가 쓴 것 맞습니다."라고 대답했다. 지금 생각해 보면 그렇게 울컥할 일도 아니었는데, 친하기 때문에 가감 없이 물어본 것이었는데 내가 너무 예민 했나 싶기도 하다. 하지만 당시에는 제일 듣기 싫은 소리였다.

● 책 쓰면 원래 사인해서 한 권씩 돌리는 것 아냐?

대부분의 사람들이 이 질문을 했다. 질문이라기보다는 그저 농담처럼 쉽게 한마디 내뱉는 소리였지만 나는 꿀 먹은 벙어리가 되었고 그저 한 번씩 웃고 말았다. 그러지 못하는 입장을 일일이 설명하기도 그렇고 애매 했다. 그런데 거기다 대놓고 야박하다는 소리까지 들었으니 물론 농담이 었겠지만 책을 쓰고 나는 야박한 사람이 되고 말았다. 너무나 유감스러 운 부분이었다.

● **출간하는데 비용은 얼마나 들었어?**

메커니즘을 모르니까 나오는 자연스러운 질문일 뿐이다. 처음 이 질문을 받았을 때는 솔직히 많이 언짢았다. "비용이라니 그럼 내가 자비출간을 한 걸로 생각한단 말인가?" 이런 생각이 들었다. 기획출간과 자비출간의 차이를 설명해주고, 나의 경우는 원고를 투고하고 출판사와 정식 계약을 하고 출간했음을 설명해주었다. 그들의 표정이 바뀌었다.

이 외에도 부동산경매로 얼마를 벌었냐고 물어보거나, 요즘 뜨는 동네가 어디냐고 물어보거나, 입찰을 하려는데 도와 줄 수 있냐고 물어보는 사람, 본인의 SNS에 광고를 해줄 테니 책을 보내라는 사람, 하물며 책 구경 좀 시켜달라는 사람 등등 참 다양하다. 이렇게 세상에 책이 나오면 다양한 반응과 변화를 감지할 수 있다. 대부분이 긍정적 방향으로 흘러가긴 하지만 모두에게 환영받을 수만은 없는 법이다.

작가는 이 부분을 충분히 감당하고 이해해야 한다. 나는 이러한 과정을 겪으면서 인간관계에 대하여 다시금 진지하게 생각하는 좋은 기회가 되었다. 책을 씀으로 해서 얻을 수 있는 가장 소중한 경험이었다.

☑ **책이 나옴과 동시에 주변으로부터 다양한 반응들이 나온다.**

☑ **출간을 함으로써 그 분야에 전문가로서 인정을 받게 된다.**

☑ **다양한 질문에 너무 일희일비할 필요 없다.**

현혹되지 마라

나의 전작인 『난생처음 부동산경매』를 집필하였을 때 가장 강조했던 부분이 "결코 경매 몇 건으로 벼락부자가 되는 것은 아니다. 그러니 세상에 나와 있는 대박스토리에 절대 현혹되지 말라"였다. 더구나 부동산경매에 관심을 갖기 시작한 왕초보들이 주 타깃층이라 더 세심하게 이 부분을 강조하였다. 너도 나도 이런 대박 스토리에 현혹되어 권리관계도 제대로 파악하지 않고 입찰에 참여했다가 손해를 보는 경우가 허다하다. 하지만 대중은 "얼마를 투자해서 얼마를 벌었다."는 식의 무용담에 현혹되고 마치 자기 일인 양 흥분한다. 부동산경매로 1~2억 버는 것은 식은 죽 먹기처럼 생각한다. 투자가 이런 식으로 이루어져서는 절대 안 된다. 나의 주관없이 남을 따라하는 투자는 망하는 지름길이 된다. 깊이 있는 학습과 다양한 현장경험이 뒷받침될 때 비로소 안전한 투자로 이어진다.

최소한 돈을 벌지는 못하더라도 원금은 지켜야 할 것 아닌가?

혹자는 책 한 권을 세상에 내놓고 다양한 인생경험을 이야기한다. 외

부강연, 컨설팅, 칼럼기고 등 1인 기업가가 되었고 1억이 넘는 연봉을 만들어나가고 있다고 한다. 하지만 제발 이런 말에 현혹되지 않기를 바란다. 내가 강조하고 싶은 것은 포장이 아니라 본질을 관통해야 한다는 것이다. 물론 전혀 아니라고 말할 순 없다. 작가에 따라 책을 내고 1인 기업가로 훌륭하게 성공하여 자기의 위치에서 당당하게 입지를 굳히며 고액의 연봉을 올리는 좋은 예도 있다. 하지만 이러한 사실을 너무나 보편적인 사실처럼 누구나 책만 쓰면 가능하다는 식은 곤란하다. 분명 그들의 레시피recipe에는 그들만의 비법이 있기에 그만큼의 성공을 이끌어 낼 수 있는 것이다. 하지만 그런 비법은 절대 쉽게 공개하지 않는다. 그저 겉으로 보이는 포장에 대중은 열광한다. 시류에 휩쓸리면 안 된다. 이럴수록 분별력을 갖고 어느 쪽으로도 기울지 않은 중심을 잡아야 한다. 본인의 수준에 맞게 본인의 글을 쓰면 된다. 절대 겉모습에 현혹되어서는 안 된다. 바로 이런 이유에서 독서는 상당히 중요하다. 관련 분야의 책을 여러 권 읽어 보아야 한다. 책의 행간을 분석하고 스스로가 주관적인 판단을 내릴 수 있어야 한다.

　사람을 현혹하는 책들이 있다. 대개 이런 종류의 책들을 보면 본인이 어떤 인생을 살아왔으며 어떤 경로로 책 쓰기를 하게 되었는지를 자세하게 기록한다. 그 와중에 업체나 지도받은 작가의 이름이 계속 언급되는 불편한 현실을 마주하게 된다. 한마디로 광고다.

　책 본연의 신뢰성을 버린 그저 광고일 뿐이다. 너무하다 싶을 정도로 노출의 빈도가 잦다 보니 읽는 내내 불편하다. 책의 내용이 제법 괜찮다 싶은 경우도 있지만 역시나 이런 무차별적인 광고성 문장으로 인해 본질이 파묻혀 버리는 안타까운 경우도 있다. 무조건적인 독려는 자칫 부작용을 유발하기 쉽다. 책 한 권을 세상에 내놓았다고 해서 인생이 크게 변하지 않는다. 학문의 깊이와 중심 잡힌 가치관이 있을 때 비로소 세상은 나의 가치를 알아주기 시작한다. 현혹되지 말자. 첫술에 배부를 리 없고 세상에는 공짜가 없다. 땀을 흘리지 않고는 아무것도 얻을 수 없다는 무한불성無汗不成의 가르침을 다시 한 번 생각해보아야 할 것이다.

☑ 나만의 가치관을 정립하자.

☑ 무용담에 현혹되지 말자. 담담히 나의 글을 쓰면 된다.

☑ 책 한 권을 내놓았다고 해서 인생이 크게 변하지 않는다.

100% 출간? 불편한 진실

최근 100% 출간이라는 슬로건을 내걸고 책 쓰기 수강생을 모집하는 교육기관이 우후죽순처럼 생겨나고 있다. 많은 수강생들이 수업하는 모습의 사진과 그동안 수업에 참여해 출간에 성공한 사람들의 책을 전면에 내걸고 광고를 한다. 거의 인터넷 카페나 블로그를 통해 광고가 이루어진다. 처음 책을 쓰기 위해 여기 저기 기웃거리다 보면 어느 순간부터 이메일이나 쪽지 등이 무차별적으로 날아온다. 대부분은 광고인데 많은 수강생들 앞에서 강연하는 작가의 사진을 실어놓고 마감이 임박했으니 빨리 등록하라는 식의 광고를 한다. 또는 주말에도 쉼 없이 정진중이라며 각자 노트북을 펴놓고 열심히 글을 쓰는 예비 작가들의 사진을 실기도 한다.

또 어떤 곳은 등록한 수강생의 출신학교와 현재 무슨 일을 하는지, 등 인적사항을 보란 듯이 공개하기도 한다.

마치 우리 교육기관에 등록한 수강생들의 수준은 이 정도입니다 라고 자랑하듯이 불편한 광고를 한다. 분명히 짚고 넘어갈 것은 지방대를 졸업했건 소위 스카이^{SKY}대학교를 졸업했건 하물며 하버드대학교를 졸업했다 하더라도 책을 쓰는 데 아무런 영향이 없다. 특히 첫 책을 쓸 때는 더더욱 그렇다. 동네에서 작은 점포를 운영하든, 나처럼 평범한 회사원이건, 고위공직자건, 기업의 대표이건, 역시 책을 쓰는 것에는 아무런 영향이 없다. 좋은 대학을 나오고 높은 자리에 있다는 것은 인맥이 조금 넓은 정도일 뿐, 책을 쓰는 데는 아무런 영향을 미치지 않는다는 얘기다. 관련 분야의 전문성이나 자신만의 콘텐츠와는 아무 상관이 없다. 책은 분명한 자기 콘텐츠와 실행력만 있으면 누구든 쓸 수 있다.

대학을 졸업하고 번번이 취업에 실패한 취업 준비생은 그 나름대로 스토리가 있고, 엄청난 연매출을 기록하는 기업의 오너는 또 그 나름대로 스토리가 있는 법이다. 결재서류를 정리하는 능력이 깔끔하고 뛰어나다고 해서 비닐하우스에서 완벽하게 작물을 키워낼 수 있는 것은 아니다. 분명한 것은 자기의 전문분야가 있는 것이다. 전문분야 이야기가 나온 김에 한마디 더 보태자면 워낙 세기의 대결이라 초미의 관심을 모았던 플로이드 메이웨더와 코너 맥그리거의 경기를 기억하는 분들이 많을 것이다. 메이웨더는 49전승을 보유한 복싱의 최강자이고 맥그리거는 UFC 사상 첫 동시 두 체급을 석권한 전무후무한 인물이다. 두 선수의 경기는 복싱룰을 적용했고 아시다시피 결과는 메이웨더의 승리로 막을 내렸다. 지금도 당시 해설자의 한마디가 기억난다.

"맥그리거 선수가 훌륭하지만 복싱과 UFC는 사용하는 근육이 완전히 다릅니다. 그렇기 때문에 경기 후반으로 갈수록 맥그리거 선수의 페이스가 급격히 무너져 버렸죠. 하지만 메이웨더 선수는 상당히 침착하게 자기의 페이스를 유지하는 모습을 볼 수가 있었습니다. 역시 자기의 전문분야는 무시할 수가 없는 겁니다."

이렇게 메이웨더는 50전 전승이라는 기록을 보유하고 은퇴를 선언했다. 책은 가장 자신 있는 자신만의 전문분야를 이야기하는 것이 제일 합리적이다. 그만큼 그 분야에 경험이 많다는 이야기이기 때문이다. 출신학교나 직업 등을 마치 과시하듯 내세우기보다는 차라리 광고를 할 거면 수강생의 전문분야가 무언지를 내세우는 편이 차라리 훨씬 설득력이 있어 보인다.

그렇다면 과연 교육기관마다 내세우는 100% 출간 성공이 맞는 걸까? 불편한 진실이긴 하지만 의심의 여지없이 100% 출간이 맞다. 대체로 작가가 자기의 이름을 걸고 책 쓰기 수업을 진행할 정도면 출판업계에서는 어느 정도 인지도가 있는 작가라고 볼 수 있다.

이 정도 능력의 작가라면 수강생들의 원고만 봐도 출간 가능성을 타진할 수 있는 능력이 있는 사람이다. 즉 지도하는 작가의 필터링을 거친 원고들이 출판사로 투고되므로 거의 대부분이 출간으로 이어진다. 100%인 것이다.

여기서 100%의 의미는 지도하는 수강생 전원을 말하는 것이 아니라 원고를 투고한 사람에 국한해서 말하는 것이다. 즉 수강생이 100명이라고 치면 그중 10명이 원고를 투고해 계약으로 이루어지면 투고한 원고 전원이 계약되었으므로 100% 출간이라는 논리이다. 다시 말해 100명의 수강생 중 40명은 중간에 도태되어 지지부진한 상태이고 30명은 그나마 열심히 콘텐츠를 찾고 있고 20명은 꾸준히 집필중이고 10명은 투고하여 출간에 성공한다. 100중 10명이 출간에 성공하였으므로 출간성공률은 10%인가? 절대 아니다. 비록 수강생이 100명이만 그중 10명이 투고했고 10명이 출간했으므로 출간성공률 100%인 셈이다. 그러므로 항상 출간성공률은 100%일 수밖에 없다. 대부분 100% 출간이라는 광고를 보고 오는 예비 작가들은 수강생이 100명이면 100명이 전부 출간에 성공한 것으로 생각하고 꿈에 부풀어 수강을 하는 경우가 있다. 하지만 실상은 그렇지 않다. 수강생 대비 출간율이 아니라 투고 대비 출간율이라는 것을 반드시 알아야 한다. 등록한 지 1년이 되었는데도 지지부진하게 원고를 못 쓰는 사람이 있는가 하면 단 두세 달 만에 원고를 마감하고 출간으로 이어지는 사람도 있다.

전자의 경우는 시간이 흐르면 흐를수록 스스로 도태되어 버린다. 교육기관에서는 오랜 시간 글쓰기를 하다 결국엔 못 쓰고 도태되어버린 사람 이야기는 절대 하지 않는다. 할 필요도 없다.

수강생들은 대부분 세 부류로 나누어진다. 오랜 시간 꾸준히 글을 쓰고 있지만 가능성이 보이지 않아 슬그머니 도태가 되어버리는 유형, 아직까지는 꿈과 희망을 가지고 열심히 노력하는 유형, 등록한 지 얼마 안 되었지만 빠르게 집필에 성공해 투고와 출간에 성공하는 유형, 결국에 글을 쓴다는 것은 자기 스스로 해내는 작업이다. 내가 해보니 글 쓰는 것만큼 개인적인 것이 없다.

노래도 합창이 가능하고 악기도 모이면 더 아름다운 하모니를 이룬다. 하지만 글쓰기는 다르다. 마치 마라톤과 같다. 더욱이 책을 한 권 쓴다는 것은 그만큼 오랜 인고의 시간이 필요하다. 아무리 훌륭한 작가의 지도를 받는다 하더라도 결국에 300여 페이지 가까운 분량은 본인 스스로가 채워나가는 것이다.

앞서 언급한 '지도하는 작가의 필터링을 거친 원고'라는 표현은 교육기관의 수업 방식을 이야기하는 것이다. 즉 수강생이 자기 주제에 대하여 원고를 써서 작가에게 보내면 작가는 글이 어떠하다는 평을 해준다. "글이 좋으니 이런 식으로 계속 써도 좋습니다." 혹은 "자료의 근거나 출처를 확실하게 밝혀야 합니다." 이런 식으로 수강생에게 러프하게 피드백해주는 것을 말하는 것이다.

이 과정에서 작가는 출간가능성을 어느 정도 예측한다는 얘기다. 작가가 처음부터 끝까지 타이트하게 붙어 단어 하나 문장 하나까지 관여한다는 이야기가 아니다. 오해 없길 바란다.

내가 책 쓰기를 맨 처음 시작할 때 함께 시작한 사람이 다섯 명이다.

한 명은 이미 계약이 된 상태에서 60~70% 정도 원고가 완성된 상태였고 나머지 4명은 그야말로 처음 글을 쓰는 초보자들이었다. 결국에 반 이상 완성된 원고에서 시작한 C선생님과 처음 글을 쓰는 K선생님, 그리고 나만 원고를 마감했고 투고와 출간이 이루어졌다. 나머지 2명은 그렇게 지지부진한 채로 있다가 서서히 도태되고 말았다. 다섯 명이 함께 시작해 3명이 출간했으니 60%의 출간 성공일까? 아니다. 이 경우도 역시 100% 출간성공이다. 원고를 투고한 사람들은 모두 출간에 성공했으니 말이다. 책 한 권을 쓰는 것이 결코 쉬운 일이 아니다. 많은 글들이 모여 한 권의 책을 이루는 것이다.

100% 출간 성공에 현혹되지 말기를 바란다. 단순한 광고일 뿐이다. 원고를 투고단계까지 마감할 자신이 있는지 스스로의 능력을 먼저 생각해 보아야 한다. 100%는 아무런 의미가 없다. 결국에 글은 내가 쓰는 것이기 때문이다. 지도 작가도 글이 나와야 지도를 할 것 아닌가? 지지부진한 상태로 머물다 중도하차를 할 것인지 인고의 세월을 견뎌내고 출간이라는 영광을 거머쥘 것인지 도태와 영광의 길은 내가 선택하는 것이다.

책 쓰기는 기술이다

책을 한번 출간해 본 경험이 있는 기존의 작가가 다시 책 쓰기를 배울 필요가 있을까? 나는 이 질문에 상당히 회의적인 답을 할 수밖에 없다. 왜냐면 책 쓰기는 단순한 기술이기 때문이다.

한번이라도 책을 출간해본 경험이 있다면 책 쓰기 전반의 메커니즘을 다 알고 있다고 봐야 한다. 그럼에도 다시 책 쓰기 수업을 들으러 오는 기현상이 벌어지고 있다. 내가 아는 작가도 꽤 된다. 무얼 더 배우는 걸까? 궁금하기도 하다. 책을 쓴다는 것은 나의 경험과 생각을 정리하는 것과 마찬가지이다. 딱히 정해진 답이 없는 나의 소소한 일상이나 나만의 철학을 이야기해 독자로부터 공감을 이끌어 낼 수도 있고 성격이 뚜렷한 전문분야에 대하여 나의 생각이나 경험을 더하여 집필을 하는 경우도 있다. 또 소설이나 에세이처럼 작가의 풍부한 상상력이 결집되어 하나의 문학작품으로 탄생하는 경우도 있다. 그렇기에 책 쓰기는 누구도 컨트롤할 수 없는 철저하게 개인의 사유思惟에서 비롯되는 것이다.

조앤 K 롤링이 해리포터를 쓸 때 누구의 조력을 받았을까? 1990년 맨체스터에서 런던으로 가는 그녀가 탄 기차가 어느 시골 마을 한복판에서 고장으로 무려 4시간이나 정차를 했다. 그녀는 무료한 시간을 달래기 위해 상상에 잠기었다. "자신이 마법사라는 사실을 모르고 우연히 마법학교에 간 소년"이라는 번뜩이는 아이디어가 떠올랐고, 이렇게 고장 난 기차 안에서 해리포터는 시작되었다.

그녀의 무궁무진한 상상력이 빚어낸 결과인 것이다. 이처럼 책 쓰기는 태권도나 바둑처럼 오랜 세월 수련하여 기량을 쌓아나가는 것이 아니다. 책 쓰기는 단순히 하나의 기술에 불과하다. 이 기술에 작가의 상상력이나 경험을 녹여내는 작업이 책 쓰기인 것이다. 한번 익혀놓으면 평생을 현역으로 지낼 수 있는 좋은 기술이다. 한 권의 책이 두 권, 세 권으로 불어나는 너무나도 당연한 기술인 것이다. 주제를 선정하고 거기에 맞는 사례와 자료를 수집하고 목차를 구성하고 본문 집필에 이르기까지 촘촘하게 잘 짜인 하나의 과정 그 자체이다. 처음 책 쓰기에 도전하는 사람은 그 생소함으로 인해 갈피를 잡기 힘들다. 그러므로 학습을 필요로 한다. 책을 쓰기 위해 책 쓰기 기술을 배우는 것은 너무나 당연한 일이다.

물론 그 어려운 일을 도움 없이 혼자 해내는 이들도 있지만 전문가들로부터 책 쓰기의 기술을 배우는 것도 바람직한 방법이다. 야무지게 한 번 배워놓은 기술은 앞으로의 집필활동에도 많은 도움이 된다. 바로 이런 부분이 책 쓰기를 누구라도 가능하게 해주는 것이다. 결국에 기술을 익히고 나면 책은 어떤 콘텐츠를 녹여 내느냐에 따라 원고의 질이 좌우된다. 세상에 없는 나만의 콘텐츠를 발굴하는 것이 관건이다.

☑ 책 쓰기는 학벌, 직업과 상관없이 콘텐츠만 있으면 된다.

☑ 자기의 전문분야를 특화시켜야 한다.

☑ 출간성공률 100% 현혹되지 마라.

☑ 평가는 받을지언정 글은 자신이 쓰는 것이다.

☑ 책 쓰기는 단순한 기술이다.

당신의 책을 가져라

가족들과 서점에 간 날을 잊지 못한다. 판매대에 놓인 나의 책을 보고 너무나 신기해했던 기억이 선명하다. 몇 개월을 매달려 얻어낸 결과물이 너무나 예쁘게 자리 잡고 있는 모습에 감개무량하기까지 했다. 모르는 사람들이 내 책을 넘겨보고 머리말을 읽는다. 목차를 보고 옆 사람과 의견을 나눈다. 무슨 이야기를 하는 걸까 몹시 궁금하다. 나의 생각이 다른 사람들 속으로 파고든다.

수십 개의 눈동자가 나를 응시한다. 남녀노소 할 것 없이 나의 말 한마디에 촉각을 곤두세우고 경청하고 필기를 한다. 최소한 오늘만큼은 나는 그들이 가장 되고 싶어 하는 로망일 것이다. 이메일로 고민을 상담해온다. 나를 전문가로 인정하고 솔직한 의견을 구하기도 한다. 주변 지인들 사이에선 이미 책을 한 권 출간한 작가로서 인정을 받는다. 자랑스러운 아들이 되었고 훌륭한 아빠가 되었다.

책은 의외로 너무나 많은 것을 내게 가져다주었다.

평균정년 53세, 평균수명 82세, 은퇴 이후 30년의 시대, 퇴직을 하면 뒷방 늙은이 취급받던 시절은 옛말이다. 퇴직은 또 다른 인생의 새로운 출발점이 된다. 60은 청년이란 말이 그냥 나온 말이 아니다. 하지만 회사 문을 나서는 순간 30년이란 새로운 광야를 만나게 된다. 내가 개척해 나가야 할 척박한 시간이다. 더 이상 회사라는 든든한 백그라운드 background 없이 담담히 준비하고 버텨나가야 하는 시간들이다. 준비 없는 인생에 절대 꽃길만을 걸을 수는 없다.

지금 준비하지 않으면 미래를 보장할 수 없다. 연금과 퇴직금으로 절대 미래를 신뢰해선 안 된다. 꼬박꼬박 월급 나올 때 건설적인 딴짓을 해야 한다. 남의 성공에 들러리가 되지 말고 내가 통제할 수 있는 행복의 중심에서 내가 주인공이 되어야 한다.

　책 쓰기는 평생을 현역으로 살아갈 수 있는 든든한 무기가 된다. 세상에 뿌려진 저서는 인건비 없는 나의 직원들이다. 노력 여하에 따라 강연이나 칼럼 등 다양한 사회활동으로 이어지게 한다. 항상 나를 위해 헌신하는 최고의 직원들이다. 한 권의 저서는 생각지도 못한 그들의 고민을 해결하기도 하고 진지한 토론의 장을 마련하기도 한다. 많은 사람들 앞에 나서서 당당히 나의 이야기를 들려줄 수도 있다. 나는 이 책을 집필하면서 또 다시 새로운 기대감에 부풀어 있다.

　과연 책이 출간되고 어떤 미래가 펼쳐질까?

　당신은 반드시 책을 써야 한다. 이제 거의 이 책의 막바지에 왔다.

　마지막 페이지를 끝으로 생각마저 끝나버리면 안 된다. 이 책이 단초가 되길 간절히 바란다. 불같이 마음이 일어나야 한다. 나의 찬란한 미래는 결코 먼 미래에 있지 않다. 지금의 노력 없이 절대 만날 수 없는 허상

일 뿐이다. 당신만이 당신 인생의 주인공이 될 수 있다. 언제까지 사인을

받기 위해 줄을 설 것인가? 이젠 사인을 해주고 독자들과 함께 사진도

찍어보라. 행복의 중심에 당신이 있어야 한다. 지금 당장 책을 준비하라.

출간은 선물상자를 뜯어보는 것과 마찬가지이다. 어떤 선물이 들어 있는

지 상자를 열어보기 전까지는 알 수가 없다. 당당하게 인생의 주인공이

되어보자. 당신이 선택한 미래는 반드시 당신을 축복할 것이다.

저는 미래가 어떻게 전개될지는 모르지만,

누가 그 미래를 결정하는지는 압니다.

- 오프라 윈프리 -